Place des Couverts a Réalville

RÉALVILLE

BASTIDE ROYALE

PAR

L'ABBÉ F. GALABERT

CURÉ D'AUCAMVILLE

MEMBRE DE PLUSIEURS SOCIÉTÉS SAVANTES

Prix Gaussail de l'Académie des Sciences de Toulouse

MONTAUBAN

IMPRIMERIE ET LITHOGRAPHIE ÉDOUARD FORESTIÉ

23, Rue de la République, 23

1898

RÉALVILLE

BASTIDE ROYALE

PAR

L'ABBÉ F. GALABERT

CURÉ D'AUCAMVILLE

MEMBRE DE PLUSIEURS SOCIÉTÉS SAVANTES

Prix Gaussail de l'Académie des Sciences de Toulouse

MONTAUBAN

IMPRIMERIE ET LITHOGRAPHIE EDOUARD FORESTIÉ

23, Rue de la République, 23

—

1898

RÉALVILLE
BASTIDE ROYALE

A M. ALPHONSE GÉRALDY

BACHELIER EN THÉOLOGIE, ANCIEN CURÉ DE RÉALVILLE

CURÉ DOYEN DE VALENCE

A vous, mon cher ami, qui naguère encore à Réalville releviez (avec quel dévouement, Dieu le sait!) les ruines matérielles accumulées par les guerres de religion, et qui travailliez avec une égale ardeur à guérir les maux plus graves encore provenant de nos temps défavorables à la foi, je dédie ces pages; recevez-les comme un gage de notre amitié déjà vieille, comme l'hommage d'un cœur qui reste jeune, et comme le fruit d'une plume qui ambitionnerait de faire plus encore. Malgré ou plutôt à cause de ma qualité de prêtre, je crois avoir gardé l'impartialité due à nos frères séparés. Tout en respectant la conscience de chacun, l'historien a le devoir imprescriptible de dire la vérité. Je fais des vœux pour que tous, protestants et catholiques, nous soyons unis dans un égal amour de Dieu et de la patrie.

A Aucamville, le 10 décembre 1897.

F. GALABERT,

Licencié en théologie, Membre de plusieurs Sociétés savantes, Curé d'Aucamville.

RÉALVILLE

BASTIDE ROYALE

ÉPOQUE PRÉHISTORIQUE

Le bourg dont ces pages vont retracer l'histoire est assis sur les flancs des derniers coteaux du Querci, à la limite des alluvions quaternaires qui ont comblé la mer de Gascogne. A cheval sur la grande route nationale et sur la voie ferrée qui relie Toulouse à Paris, il domine la plaine fertile où la Garonne reçoit les eaux de ses affluents, et quand le ciel est serein, la vue s'étend vers Montauban jusqu'aux cimes neigeuses des Pyrénées. A ses pieds, dans un nid de verdure, au bord de l'Aveyron, se cachent les restes de l'antique doyenné de Cayrac. A l'ouest, à quelques pas du ruisseau où la Lère coule ses eaux tranquilles, l'on aperçoit une villa bâtie sur l'emplacement de l'abbaye de Saint-Marcel, et les coteaux où fut le *castrum* d'Almont ; au nord, Saint-Vincent-d'Antéjac, et plus loin, masqué par de hautes collines, le village d'Auty, qui fut jadis de la juridiction de Réalville.

Sur ce territoire, les hommes qui n'ont point eu d'histoire ont laissé leur trace. L'on a découvert des habitations troglodytiques à Grézel et à Allard. Malgré la pioche et la charrue, qui ont mille et mille fois retourné la terre, on retrouve en bien des endroits les marques de la domination romaine. C'est d'abord à Almont, au milieu de substructions, des poteries identiques à celles des dolmens, des tuiles à rebord.

De grandes constructions en *opus spicatum* ont été découvertes à Saint-Marcel, avec les restes d'une briqueterie où se fabriquaient des amphores, des poteries fines et communes ; un sarcophage en grès, un *aureus* ou sou d'or de Trajan, avec la légende FORUM TRAIANI au revers ; tout cela prouve que les Romains avaient établi là un centre industriel, plusieurs siècles avant que les moines blancs, quittant Septfonds en 1163[1], y vinssent chanter les louanges de Dieu.

Auprès du château de Lastours, la pioche a mis à nu les ruines d'une antique villa, et la terre recouvre encore des substructions ; des poteries, des *verticilli* de fuseaux en terre cuite montrent que le gallo-romain maître de ces lieux avait, autour de ses appartements intimes, les ateliers où ses esclaves exerçaient tous les métiers néces-

---

[1] F. MOULENQ, *Documents historiques sur le Tarn-et-Garonne*, I, 339, art. ABBAYE SAINT-MARCEL.

saires à l'exploitation d'un grand domaine, où notamment des tisserands travaillaient le lin des Cadurques, célèbre jusqu'à Rome[1].

Au hameau de Contines, au milieu d'autres poteries découvertes dans des substructions, la charrue a soulevé une pierre d'oculiste romain, plate et verdâtre, d'environ quatre centimètres carrés, légèrement convexe dans le centre, et offrant sur les quatre tranches ces diverses inscriptions qui, avec le nom du propriétaire Marcus Julius Sabinus, donnent la formule d'un collyre :

M. IVLI SABINI M. IVLI SABINI M. IVLI SABINI M. IVLI SABINI
DIASMYR ACRE   EVODES AD DIA   ITALICV AD CIC   CHLORON
AD ADV[2].

Près de l'embouchure du ruisseau de Romieu se voient les ruines d'un pont antique, déjà qualifié tel et appelé *Malcoren* ou *Sobresenh*, dans un document de 1442.

A deux cents mètres de l'église actuelle de Cayrac se trouve, à quelques pas de l'Aveyron, une source dite de Saint-Quentin, à laquelle le vulgaire attribue encore la vertu de guérir les fièvres. Ceux qui savent la vénération profonde que les Gaulois accordaient aux fontaines comprendront facilement que le christianisme, ne pouvant déraciner d'un coup la superstition, s'efforça d'y parer

---

[1] « *Cadurci... Ruteni... imo vero Galliæ universæ vela texunt.*
« *In culcitis præcipuam gloriam Cadurci obtinent Galliarum hoc et tomentum pariter inventum.* » (PLINE L'ANCIEN, *Histoire naturelle*, l. IX, ch. 18.)
Sulpicia a dit :
  « *Ne me cadurcis destitutam fasciis*
  Molli caleno concubantem proferat. »
Strabon a dit : Παρα δε τοις Καδουρκοις λενουρχια.
Juvénal a dit : « *Institor hibernæ tegetis niveique cadurci.* » (Sat. VII, versus finem.)

[2] Nous proposons la lecture suivante : *Diasmyrnum acre evodes ad diaglaucion italicum, ad cicatrices, Chloron* (χλωρον), *ad adurendum.*

indirectement; c'est pourquoi l'Église consacra la source, où les païens adoraient les naïades et d'autres divinités moins poétiques et plus gauloises, et elle y fit rendre un culte aux saints.

A Haute-Rive ont été mis à nu les fondements en béton d'une villa gallo-romaine, avec toujours des tuiles à rebord, de nombreuses poteries; ces débris, mêlés à de nombreux cubes de mosaïque, indiquent une somptueuse résidence [1].

Enfin, la grande voie romaine qui, venant de *Divona* (Cahors), passait par *Cosa* (Cos), village où abondent les débris de poterie, les monnaies et les fragments de sculpture [2], pour se rendre à *Fines* (Bressols) et de là à Toulouse, suivait les bords de la Lère. Dès l'époque gallo-romaine, le commerce passait donc par le territoire de Réalville; aujourd'hui, la voie ferrée a remplacé la voie romaine, les marchandises passent toujours à Réalville, allant à Paris, tandis qu'elles étaient dirigées vers Rome, et Réalville est, aujourd'hui comme jadis, sur les grands chemins qui sillonnent le monde.

Voilà tout ce que, faute de chroniques et d'histoire, nous savons de ceux qui, avant nous, ont habité ce coin de terre; à défaut d'écrivains, les entrailles de la terre nous ont révélé quelques-uns de leurs secrets. Nous voudrions bien savoir comment ont vécu ici ceux qui nous y ont précédés; quelles grandes actions, quels faits d'armes, quels crimes y ont peut-être été commis; quelles passions agitaient ces grands propriétaires de villas, ces Gaulois laboureurs qui avaient defriché la lande de Lastours et d'Almont, ces esclaves artistes qui ont tra-

[1] *Bulletin archéologique de Tarn-et-Garonne*, II, 239 et 310.
[2] *Congrès archéologique de France*, XXXII° session, pp. 45, 87, 204, 186, 187.

vaillé aux fours et poteries de Saint-Marcel, ces païens qui ont porté leurs présents à la source de Saint-Quentin. Notre curiosité ne sera jamais satisfaite ; mais nous en savons assez sur leur compte pour affirmer sans être démentis qu'ils furent habiles, industrieux, et que, s'ils vivaient à notre époque, ils seraient de taille à faire accomplir aux sciences et aux arts les progrès incontestables que nous avons réalisés.

MONASTÈRES DE CAYRAC

ET DE SAINT-MARCEL

ERRITORIALEMENT et historiquement, les deux monastères de Cayrac et de Saint-Marcel ont trop de points de contact avec Réalville, pour que nous puissions les passer tout à fait sous silence. En outre de ces deux centres religieux, il y avait, dans l'étendue du territoire de Réalville, l'église de Saint-Nazaire, relevant de Cayrac, et celle de Sainte-Catherine, dépendant du monastère de Saint-Marcel[1] ; il y avait encore Saint-Martin de Lastours, ou de Gardemont ou d'Antéjac (trois noms pour désigner la même paroisse), et qui fut l'église matrice jusque vers 1700. La juridiction de Réalville comprenait encore : Saint-Vincent d'Antéjac, qui relevait du monastère de Moissac avant 1097[2], et Notre-Dame d'Auty, sans compter Saint-Jean-Baptiste de Gardemont, qui fut la paroisse primitive, antérieure

---

[1] G. BOURBON et DUMAS DE RAULY, *Inventaire sommaire des Archives de Tarn-et-Garonne*, G, 469, 470.

[2] *Gallia christiana*, I, *Instrumenta*, col. 40. Une bulle d'Urbain II mentionne comme enlevées à l'abbaye les églises de Cordes, Montbartier, Saint-Vincent, etc.

à la fondation du bourg, et qui fut toujours annexe de Saint-Martin [1].

Cayrac est-il le lieu de *Caderense* que Sigebert III, roi d'Austrasie, donna, vers 650, à l'église de Cahors, en considération des mérites de saint Didier, évêque? Les historiens de Languedoc l'ont pensé [2], et ce serait sur les ruines d'un château, ayant tous es caractères d'une construction romaine, que le monastère aurait été édifié [3]. Ce qu'il y a de certain, c'est que Raymond Ier, comte de Rouergue, en 960, donna ou confirma à Saint-Pierre et à Saint-Géraud de Cayrac l'alleu de Léojac [4]; c'est qu'en 977, Cayrac avait des droits sur l'alleu de Ginestous [5], et, en 1090, sur l'église Saint-Gilles, située près de Nègrepelisse, dans une lande inculte et épineuse qu'avait donnée Adhémar III, vicomte de Bruniquel [6].

Le 8 des ides de février 1176, l'abbé d'Aurillac, supérieur du doyenné de Cayrac, avec le consentement du doyen et des religieux, céda à Raimond V, comte de Toulouse, séant au chapitre du monastère, la moitié de la seigneurie de Cayrac, à condition que celui-ci défendrait le monastère et la ville de toute exaction illicite, et qu'il ne pourrait les aliéner de son domaine [7].

---

[1] Guillaume LACOSTE, *Histoire générale de la province du Querci*, II, 416.

[2] *Histoire de Languedoc*, édit. Privat, II, 20.

[3] Abbé DE FOUILHAC, *Chronique manuscrite du Querci*, I, 110.

[4] « *Ipso alode de Laugiaco, Sancti Petri et Sancti Geraldi de Cayraco remaneat.* » (*Hist. de Languedoc*, édit. Privat, III, 440.)

[5] Archives de Tarn-et-Garonne, 1er cartulaire de Saint-Théodard, f° 67, et *Doc. hist. sur le Tarn-et-Garonne*, I, 382.

[6] *Gall. christ.*, I, col. 182, *Anno Domini* MXC, *indictione* XIV.

[7] LACROIX, *Series et Acta episcoporum Cadurc.*, pp. 77-78. Outre le comte et Pierre, abbé d'Aurillac, furent présents à cet acte de paréage : l'évêque de Cahors, les abbés de Figeac et de Maurs, et Bertrand et Guillaume de Cardaillac. (*Hist. de Languedoc*, édit. Privat, VI, 67.)

S'il faut en croire les poésies du redoutable troubadour limousin qui avait nom Bertrand de Born, le lieu de Cayrac aurait été occupé par Richard Cœur-de-Lion, encore qu'il n'était que duc d'Aquitaine, en 1188 [1].

En juillet 1286, il y eut une querelle entre le doyen de Cayrac et les Montalbanais, qui refusaient de payer des dîmes abusivement introduites [2].

De ce monastère et de celui de Saint-Marcel, qui était de la filiation de Pontigny, nous ne donnerons pas la série et les actes de leurs abbés et doyens ; mais leur histoire se trouvera mêlée à celle de Réalville.

Auprès de Saint-Marcel s'était formée, antérieurement à l'abbaye, une agglomération fortifiée qui joua un rôle dans la croisade des Albigeois. Montfort s'en empara en 1211, à l'aide de croisés allemands, avant d'aller se rendre maître de Caylus. Raimond, comte de Toulouse, ayant repris cette place l'année suivante, y mit une garnison. Montfort en entreprit de nouveau le siège. Les comtes de Toulouse et de Foix, trop faibles pour engager contre lui un combat en rase campagne, se réduisirent à faire des démonstrations contre l'assiégeant ; leurs fourrageurs et leurs partisans, enlevant les convois de ravitaillement, massacrant sans pitié les croisés isolés, firent tant de mal à l'armée de Montfort que, réduit à la misère, celui-ci, après un mois de fatigues et beaucoup d'hommes perdus, leva le siège et se retira en bon ordre. Renforcé par l'arrivée de nouveaux croisés, Montfort revint de nouveau en 1213, pour venger son échec. Les habitants

---

[1] F. DEVALS, L. BOSCUS et G. SAINT-YVES, *Histoire des communes du département de Tarn-et-Garonne*, art. CAYRAC.

[2] F. DEVALS. Malheureusement, comme pour la note précédente, cet auteur ne fournit aucune référence.

effrayés envoyèrent à sa rencontre, pour solliciter le pardon et offrir leur soumission ; mais ayant éprouvé un refus, ils abandonnèrent leurs maisons et s'enfuirent. Montfort, trouvant la place vide, la livra aux flammes et la rasa jusqu'aux fondements [1].

Du reste, Cayrac forma, comme encore aujourd'hui, une commune à part ; elle avait une foire concédée, le mercredi après la Saint-Jean 1244, par Géraud, évêque de Cahors [2]. Il y avait deux notaires en 1270 [3], et ses mesures étaient encore usitées au quinzième siècle [4]. Saint-Vincent d'Antéjac, ayant acquis son autonomie communale en 1854, a été annexé au canton de Caussade. Ce dernier village eut des seigneurs particuliers, qui en portèrent le nom ; le plus célèbre d'entre eux est Pons d'Antéjac, qui fut évêque de Cahors en 1235. Chanoine-sacriste, il succéda dans l'épiscopat à Guillaume de Cardaillac ; il introduisit à Cahors les religieux de Saint-Dominique, et mourut le 13 des calendes de mai (18 avril) 1236. Son frère Barthélemy, archidiacre de la cathédrale, fonda un anniversaire pour le repos de son âme. Pons fut enseveli dans la chapelle Saint-Pierre de sa cathédrale, et son effigie de pierre se voyait sous la table de l'autel ; son tombeau, fouillé par les protestants, a été mutilé par la négligence des ouvriers en 1877 [5].

---

[1] CATHALA-COTURE, *Histoire du Querci*, I, 172, 180, 181.

[2] *Gall. christ.*, I, col. 134, qui cite comme référence les archives communales de Cayrac.

[3] G. BOURBON et DUMAS DE RAULY, *Invent. somm. des arch. de Tarn-et-Garonne*, CAYRAC, G, 535.

[4] Arch. de Tarn-et-Garonne ; Jean de Sérignac, notaire de Saint-Antonin, 1437, acte à la date du 6 février.

[5] ÉM. FORESTIÉ et F. GALABERT, *Prélats originaires du Tarn-et-Garonne*, où sont cités Ayma et Lacroix ; *Hist. des Évêques de Cahors*, I, 327-333 ; LACOSTE, *Hist. du Querci*, et CATHALA-COTURE, *Mém. inédit sur la génér. de Montauban*.

En 1290, Raimond d'Antéjac, comme ses successeurs, se qualifiait seigneur de Labastide; il avait, en effet, essayé d'attirer les populations autour d'une *bastide*, dont on voit l'emplacement à l'endroit appelé *le Châtean;* cet établissement ne prospéra pas, et peut-être la fondation de Réalville lui donna le coup mortel [1].

Auty, depuis la Révolution, a été rattaché au canton de Molières.

[1] F. MOULENQ, *Doc hist.*, II, SAINT-VINCENT.

FONDATION DE LA BASTIDE

SES COUTUMES

Déjà le mouvement communal touchait à sa fin, lorsqu'en 1310 Philippe le Bel fonda la bastide de Réalville : les esprits avaient fait du chemin ; beaucoup de paysans avaient conquis, ou mieux, obtenu leur liberté. Ce n'étaient donc pas tant les privilèges qui les attiraient dans les ville neuves que le pouvoir royal ; le roi, seigneur fort et dont le pouvoir se faisait sentir partout, ils le préféraient aux barons et autres petits hobereaux. Il y avait aussi beau temps que les seigneurs ne se plaignaient plus des fondations de bastides par les officiers royaux ; nous en donnerons deux preuves.

En 1345, le puissant baron de Castelnau, qui était de la famille de Gourdon, se prévalait d'être citoyen de la bastide de Beauvais[1], et lors de l'enquête de *commodo* et *incommodo* ordonnée par le roi et qui précéda la

---

[1] Arch. de Tarn-et-Garonne ; P. de Cayssac, notaire de Puylaroque.

concession des coutumes de Réalville, les damoiseaux voisins consultés répondirent, sans jalousie, que cette fondation ne pouvait qu'attirer de nombreux habitants [1].

Mais si les populations ne réclamaient plus guère les chartes de coutumes, par contre le pouvoir royal voyait dans ces concessions le moyen d'étendre son action longtemps contestée. Aussi les sénéchaux s'efforçaient, par tous les moyens, d'attirer au roi des paysans plus ou moins désaffectionnés de leurs seigneurs particuliers. S'il y avait des terres libres, des sites favorables au commerce, ils y fichaient le pal qui marquait le centre d'une nouvelle ville, et ils y appelaient le peuple à son de trompe. Quand des seigneurs ecclésiastiques, des abbés surtout, voulaient augmenter leurs richesses par l'appel de nombreux tenanciers, et obtenir la précieuse sauvegarde royale, ils donnaient le terrain; le roi, devenu seigneur paréager, accordait sa protection, et, dans les deux cas, les populations accourues fournissaient à la royauté, avec l'occasion d'intervention, un accroissement de puissance.

Voici à quelle occasion les officiers du roi songèrent à fonder à Gardemont une nouvelle ville. Le *castrum* d'Almont avait primitivement appartenu au roi; en 1257, il usait des mesures royales [2]; il était même, en 1267, le chef-lieu d'une baillie [3]. Le roi en fit donation à Géraud de Balène, chevalier. Pourquoi? Rien n'est venu nous

---

[1] Arch. comm. de Réalville, AA¹, papier.

[2] L. Boscus, *Le Fief des Mailhols...;* voir le *Bull. arch. de Tarn-et-Garonne*, 1896, p. 256.

[3] E. Molinier, *Correspondance d'Alf. de Poitiers*, nos 396 et 469. Paris, Imp. nat., 1895.

l'apprendre; mais plus tard, le 20 février 1306 (1307, n. st.), le *castrum* fut échangé par ledit chevalier, avec les villes neuves de Mirabel, Septfonds, et tout ce qu'il possédait à Cayrac et à *Coissani* (Cos), contre une somme de 15,000 livres tournois qu'il devait au roi, plus 2,000 qu'il devait à Raimond de Broy, chevalier du roi. En retour, le roi s'engagea à donner les lieux qui conviendraient le mieux au chevalier, dans les sénéchaussées de Toulouse, d'Albi ou de Rodez, selon l'avis de prud'hommes. C'est pourquoi, au mois de janvier suivant, les arbitres respectivement nommés attribuèrent à Géraud de Balène [1] le *castrum* de Blagnac, avec les villages de Cornebarieu, Aussonne, Beauzèle, Le Cluzel, Le Soulier, Lespinasse, Bruguières, Fontanas, etc. [2], sis dans la banlieue de Toulouse.

Retournés au domaine royal, les habitants d'Almont demandèrent la construction d'une ville neuve, dans le lieu de Gardemont, qui est l'emplacement actuel de Réalville [3].

L'enquête ordonnée par le roi et faite par les officiers ayant été favorable, au mois de janvier 1310 (1311, n. st.), Philippe le Bel donna, à Poissy, la charte de coutumes que nous analysons ici; empruntée à la bastide

---

[1] On peut voir dans l'*Hist. de Languedoc*, VII, 555, édit. Privat, un Pierre-Géraud de la Bolène qui, à Atolène, le 4 février 1226, vendit à Éléonore d'Aragon, veuve de Raimond-le-Vieux, treize livres d'amendes de rente. La ressemblance des noms indiquerait-elle une parenté ?

[2] Ce document, dont une copie se trouvait aux archives de M. de Valada, maire de Réalville, où M. F. Moulenq, l'auteur des *Documents historiques sur le Tarn-et-Garonne*, l'avait lue, et une autre entre les mains de M. Orliac, curé de Saint-Christophe, près Moissac, qui me l'avait communiquée, a disparu depuis lors.

[3] D'après les titres notariés du seizième siècle, le nom de Gardemont était porté par les terrains situés derrière l'église actuelle.

de Montcabrier et améliorée, elle servit de type à plusieurs autres [1].

[1] Transcrite au dernier siècle par un notaire peu ferré sur la langue latine, la copie des Coutumes qui se trouve aux Archives communales de Réalville, AA[1], fourmille de fautes qui ont rendu singulièrement difficile notre tâche. On la trouvera corrigée en annexe ; nous nous sommes aidé, pour rétablir le texte et même quelquefois le sens, du texte français ancien, très fautif lui-même, qui se trouve dans l'*Histoire des Communes de Tarn-et-Garonne*, art. RÉALVILLE, par M. L. BOSCUS, publication parue en feuilleton dans le *Ralliement*, journal de Montauban, vers 1890. Notre travail de correction était déjà très avancé, quand nous avons trouvé dans SECOUSSE, *Ordonnances des rois de France*, XII, 364, la charte de Montcabrier, concédée en avril 1307, et qui servit évidemment de type pour les coutumes de Réalville. Les additions qu'elle subit alors sont marquées dans notre texte par des crochets [ ] et par des notes ; nous n'avons pas marqué les différences, assez peu nombreuses du reste, qui ne sont que dans les termes sans toucher au sens. Nous devons dire aussi que nous avons redonné à ce document l'orthographe primitive qu'il avait perdue, le *c* remplaçant le *t* doux, comme dans *justicia, racione...*, l'*e* au lieu de l'*æ*, l'*n* au lieu de l'*m* : *inmobilia*, etc.

Les *Ordonnances*, XII, pp. 364 et 497, note, nous apprennent que les bastides de *Alnayo*, *Montis-Domæ* (Domme, en Périgord), reçurent les mêmes coutumes ; Villefranche de Périgord les reçut aussi en février 1357. Les habitants de la Bastide Saint-Louis, en la même province, demandèrent, en 1325, *libertates concessas per dictum dominum nostrum regem juratis et burgensibus dictæ bastidæ Regalis villæ*.

Voici les principales différences qui se trouvent entre les chartes de Montcabrier et de Réalville :

L'article 11 des coutumes de Montcabrier punit les incendies d'après la coutume du comté de Toulouse ; l'article 10 de celles de Réalville applique la même pénalité aux crimes occultes énormes. Montcabrier punit les adultères d'une amende de 100 sols tournois, avec le choix de courir nus par la ville ; les coupables à Réalville n'avaient point le choix.

A Montcabrier, le marché avait lieu le samedi ; à Réalville, le jeudi. L'article 45 étendait les privilèges de Montcabrier au village de Pestillac ; l'article 42 de Réalville l'étend au village d'Almont et à son ancienne juridiction. Réalville avait de plus : par l'article 40, la tenue des assises par le juge royal, les droits de colombier, d'étang, de pêche ; par l'article 41 et par l'article 43, l'assurance formelle que le roi n'aliènerait jamais la seigneurie.

Les coutumes de Réalville spécifiaient divers cas, notamment la réélection des mêmes sujets pour consuls après trois ans (art. 12) ; les blessures où le sang aurait coulé avec ecchymose (art. 16) ; une enquête dans les cas de meurtre, dans laquelle le baille serait assisté de deux prud'hommes et d'un notaire, et

En dehors d'une albergue ou redevance annuelle spéciale, fixée à 117 livres tournois, laquelle fut bientôt réduite de moitié, ainsi que nous le verrons, elle n'exige des nouveaux arrivés aucune corvée ni manœuvre, mais seulement 6 deniers tournois d'oublie par maison et par an.

Les habitants qui accoururent furent propriétaires de leurs immeubles ; ils purent les vendre, les acheter, en disposer à leur gré (art. 1er) ; en un mot, la tenure qu'ils cultivèrent était leur véritable patrimoine, et ils la transmirent à leurs héritiers au même titre qu'aujourd'hui. Si, ce qui nous paraît douteux, il y avait eu ici des serfs main-mortables et corvéables à merci, il ne resta plus que des tenanciers ; il ne faut pas se lasser de le dire, puisqu'il y a des malfaiteurs de la plume qui ne cessent pas d'écrire le contraire.

En cas de vente, les tenanciers payaient le droit de lods, nous dirions d'enregistrement, qui était le douzième du prix (art. 9). Les habitants purent se marier à leur gré dans d'autres seigneuries, ou même entrer dans les ordres (art. 2), permission que les seigneurs féodaux avaient jusque-là refusée, afin de ne pas perdre des défenseurs de la terre et du château. Ils eurent le droit de colombier, d'étang, de garenne (art. 39), le droit de four, les boulangers seuls payant une redevance de

---

autres cas que l'on peut voir facilement en se reportant aux crochets que nous avons mis au texte.

Ces légères différences montrent, ce que nous soupçonnions d'ailleurs, qu'à la fin du mouvement des bastides, les vassaux ne se préoccupaient pas de la teneur des chartes de coutumes aussi vivement qu'à l'époque des communes ; ils les recevaient à peu près telles quelles des seigneurs ou de leurs délégués, sans les discuter ou en demander la modification, sauf peut-être pour quelques détails.

10 sols à la Noël (art. 35). Ils purent même prendre des terres d'autres seigneurs, moyennant un cens annuel (art. 8).

Ils ne pouvaient être emprisonnés que dans le cas de meurtre ou blessure grave (art. 3), et jugés que dans la bastide, sans qu'on pût les emmener au dehors (art. 4); aussi, quand, en 1346, les juges conservateurs de Beauvais, Pierre-Cise et autres bastides, voulurent contraindre les marchands de Réalville à aller plaider devant eux, ils s'y refusèrent, et le sénéchal de Toulouse, Agout de Baux, leur donna raison[1]. Non seulement le prévenu était jugé sur les lieux, mais, de plus, ce n'était pas par les officiers du roi seuls : deux prud'hommes et un notaire non suspect assistaient le bayle. Ainsi, le roi partageait avec ses vassaux la plus belle de ses prérogatives, tant il est vrai que le jugement par les pairs et les jurés n'est pas une conquête moderne. La bastide était par là d'autant plus privilégiée, qu'à Cayrac la justice était rendue par deux seuls bayles, au nom du roi et du doyen[2].

Les biens de celui qui mourait intestat ou sans héritier étaient gardés un an et un jour par les prud'hommes, qui devaient les rendre aux parents qui se présenteraient (art. 5); après ce délai, les immeubles faisaient retour au roi.

---

[1] Arch. de Tarn-et-Garonne, Cartulaire Devals, 8, p. 134. Le sénéchal décida que ces gouverneurs ne pourraient citer que pour crimes commis dans leurs bastides ou contre les bourgeois de leur domaine. (Cf. *Hist. de Languedoc*, édit. Privat, IX, à la date.)

[2] Sentence rendue par le lieutenant du sénéchal du Querci, le 29 décembre 1465. (Cf. F. MOULENQ, *Doc. hist. sur le Tarn-et-Garonne*, I, 389, citant un document disparu depuis quelque temps des archives de M. de Valada, maire de Réalville.

Plus large d'idées que la loi romaine, laquelle exigeait sept témoins pour la validité des testaments, et moins imprégné de droit écrit que le Languedoc, le Querci demandait quatre témoins seulement comme dans la présente charte. Nous trouvons les mêmes conditions dans les coutumes de Saint-Louis et de Montcabrier[1]; dans la charte d'Albias[2], accordée en 1287, dans celle de Montfaucon[3] en 1292, qui réclamaient cinq témoins; dans celle de Caussade, en 1300, quatre témoins[4]. A Puylaroque, les registres notariés[5] du quatorzième siècle n'offrent pas non plus le chiffre exigé par le droit romain.

Le combat singulier, cette forme de preuve judiciaire nécessaire pendant la période féodale, et qui consistait à ce que les deux contendants luttassent tout un jour jusqu'à extinction, armés d'un bâton et d'un bouclier, fut prohibé à Réalville (art. 7).

Les mœurs, en effet, s'étaient adoucies. Nous en avons pour preuve l'article 15 : l'étranger vendant sa marchandise avant d'arriver à la place publique encourait une amende; mais il en était relevé aussitôt, s'il faisait valoir son ignorance de l'article des coutumes. Aujourd'hui fleurit l'axiome un peu brutal que nul n'est censé ignorer la loi.

Cet adoucissement est encore visible dans l'article 20. La pénalité contre les adultères y est élevée à 20 livres, somme considérable pour l'époque et que nous estimons

---

[1] SECOUSSE, *Ordonnances*, XII, déjà cité.

[2] *Bull. arch. de Tarn-et-Garonne*, I, 97, F. MOULENQ, *Albias et ses coutumes*.

[3] *Bull. de la Société des Études du Lot*, 1896, F. GALABERT et A. COMBES, *La Charte de Montfaucon*.

[4] *Bull. arch. de Tarn-et-Garonne*, II, 33, L. BOSCUS, *La Charte de coutumes de Caussade*.

[5] Arch. de Tarn-et-Garonne, Pierre Cayssac, notaire, 1340.

à 300 francs environ de notre monnaie ; mais elle n'admet pas l'obligation humiliante, que l'on trouve dans la plupart des coutumes, de courir nus par la ville, flagellés par les passants.

Fort simplifiées étaient les formalités de la justice : le créancier qui confessait sa dette devant le juge, sans procédure, n'avait aucun frais de justice à supporter (art. 28) ; seulement il devait, sous huit jours, acquitter sa dette. Évitant aux plaideurs des avances quelquefois énormes, la cour ne devait être payée que quand la partie gagnante avait été dédommagée (art. 31). Celui qui intentait un procès sans fournir de preuves était condamné aux dépens (art. 33).

Les rapines, et les autres crimes occultes énormes, devaient être punis selon les coutumes du comté de Toulouse (art. 10). Les autres articles concernant le vol sont les 22e, 23e, 24e, 25e et 26e. Ce dernier présente une pénalité d'un genre particulier : il condamne, en effet, le voleur nocturne à parcourir les rues de la ville, portant suspendu au cou l'objet du délit. Le voleur d'un objet valant 5 sols devait être marqué, évidemment d'une marque visible, pénalité infamante que nous ne retrouvons pas dans les autres coutumes du pays. Les vols, assez graves pour mériter la pendaison, faisaient entrer dans la caisse du roi une amende de 20 livres, et le reste des biens, s'il y en avait, appartenait à l'héritier (art. 23). Quand le vol était commis de jour, c'étaient les consuls qui percevaient l'amende, pour l'employer à l'entretien des édifices communaux.

Le gouvernement de la bastide était remis annuellement à six consuls catholiques, assistés d'un conseil de vingt-quatre prud'hommes, élus par le peuple. Les consuls prêtaient serment au bayle (art. 11 et 12); ils faisaient la péréquation et la perception des tailles; ils établissaient des impôts, auxquels les nobles eux-mêmes devaient contribuer (art. 14), à cause des biens qu'ils possédaient dans la juridiction; même s'ils n'y possédaient rien, ils devaient leur part des dépenses faites pour les ponts, chemins et édifices communaux.

C'était sans le contrôle de l'autorité supérieure, que les consuls procédaient aux dépenses communales. Nos pauvres aïeux, que l'on plaint comme arriérés, jouissaient donc aussi sur ce point comme sur d'autres, il faut bien le reconnaître, d'une dose de liberté inconnue de nous. Ils pouvaient bâtir à leur gré édifices, églises, ponts et fontaines, et tracer des routes sans l'intervention du pouvoir central. Leurs délibérations, prises en assemblée générale et approuvées par le peuple, qui y assistait sur la place publique, comme autrefois le peuple romain au forum, une autorité méticuleuse et tracassière ne venait pas les casser. Aujourd'hui que nous mourons d'une centralisation excessive, ce n'est pas manquer de patriotisme que de signaler le défaut de nos constitutions, en faisant valoir la largeur d'idées qu'avaient les gouvernants du Moyen Age. De bons esprits, dans tous les partis, se préoccupent déjà de ces idées, et ne songent pas moins qu'à délivrer les communes d'une tutelle quelquefois nuisible ou simplement inutile.

Les articles 16, 17 et 18 concernent les coups, meurtres et blessures, et la pénalité variait suivant la gravité des méfaits, selon que les blessures étaient sanglantes ou non.

Des historiens modernes, admirateurs fervents du Moyen Age et du mouvement communal, se sont plaint de l'absence des libertés politiques dans les chartes de coutumes. Pas plus que les autres, la charte de Réalville n'en mentionne; les populations n'étaient point mûres pour cela, et, du reste, le Tiers État venait, en 1302, de faire son apparition dans les conseils de Philippe le Bel, le roi absolu. Réalville fut une des villes basses qui envoyaient aux États du Querci : elle y avait le deuxième rang.

Par l'article 41, le roi promit de ne jamais mettre la bastide de Réalville hors de sa main; mais cette promesse, nous le verrons plus loin, ne devait être gardée qu'à demi.

Quand le roi aliéna son domaine en 1597 et en 1674, la ville acheta la justice criminelle, et les consuls jugèrent en concurrence avec le juge du roi. Nous verrons qu'ils se rendaient, au moins une fois par an, à Auty, pour y tenir leurs assises de concert avec le juge. Sans médire de notre époque, nous doutons que nos conseils municipaux renferment toujours des hommes doués de connaissances juridiques ou d'un bon sens assez ferme pour juger sur place, témoins entendus, toutes les causes criminelles qui se présenteraient.

Nous ne devons pas taire que, dans la suite des temps, il fut porté plus d'une atteinte aux privilèges de la bastide; outre la cession du domaine, nous rencontrerons des nominations de maire au lieu de consuls, des dispenses de tailles. Ces changements, provoqués par l'absolutisme des rois, par leurs besoins d'argent, nous les mentionnerons en leur lieu. Le droit de propriété lui-même reçut des atteintes; le franc-alleu, qui régissait le Querci comme les autres provinces méridionales, fut supprimé en 1629, et diverses terres libres durent payer censive à des seigneurs; c'était une usurpation qui fut très sensible aux petits propriétaires, et contre laquelle ils protestaient encore en 1789 [1].

Nous avons voulu expliquer en détail et apprécier les principaux points de ces coutumes, afin de faire mieux comprendre le passé de notre pays. Le Moyen Age ne fut sans doute pas un idéal; sa législation ne pourrait en plusieurs points satisfaire nos populations, que l'extrême civilisation a imprégnées de toutes parts; mais s'il ne fut pas l'idéal, il ne fut pas non plus ce qu'un vain peuple pense, ni ce que des écrivains de parti pris s'efforcent de faire croire.

Ces privilèges, la ville les garda néanmoins de tout son pouvoir avec un soin jaloux; à chaque nouveau règne et en diverses circonstances solennelles et périlleuses, elle en réclama la confirmation. C'est ainsi que Philippe VI les approuva à Château-Gonthier en 1342, et à Villeneuve-Saint-Georges en juillet 1350, Charles VI en novembre 1401, Charles VII à Tulle en 1442 [2], Louis XI en 1466, Henri II en 1547, François II en 1567, Charles IX le 2 mai 1575 [3], Louis XIV en mars 1646.

Ainsi fut fondé Réalville, *Regalis villa*, la *ville royale*. Ses consuls eurent leur sceau armorié, où s'étalèrent les fleurs de lis sans nombre en champ d'azur. Les habitants accoururent des campagnes voisines, abandonnant Almont, délaissant Gardemont et son *château vieux*, dont les noms subsistent encore; ils construisirent leurs maisons dans le quadrilatère délimité par le sénéchal

---

[1] Arch. de Réalville, Reg. des délibérations, cahier des doléances, 1789.
[2] Arch. comm. de Réalville, AA¹.
[3] *Idem.*

Jean d'Arreblay jeune [1]. Encore aujourd'hui, les rues du bourg, tirées au cordeau, venant aboutir à une place centrale décorée de couverts sur trois côtés, nous apprendraient, faute de documents écrits, qu'elle fut une bastide.

Rapide en fut le peuplement, car, trois ans après, elle avait acquis assez d'importance pour avoir à sa tête un châtelain royal [2]. De plus, quand, cette même année, le sénéchal appela au Souverain Pontife d'une décision portée par Raimond Panchel, évêque de Cahors, qui prétendait avoir connaissance des contrats usuraires, il pria les consuls de joindre leurs réclamations aux siennes pour leur donner plus de force; ceux-ci nommèrent à cet effet un syndic [3].

Dans les jardins appelés encore aujourd'hui *Château vieux*, il y avait, en 1267, une ferme ou grange qui avait été enlevée aux moines de Saint-Marcel et dont ils revendiquaient la possession [4].

Almont, dont nous aurons fait connaître l'importance primitive en disant qu'il était, en 1267, le chef-lieu d'une baillie [5], fut démoli par ses habitants accourus dans la nouvelle ville [6], et les matériaux servirent évidemment à l'édification des maisons. Il n'était plus, aux siècles suivants, qu'une *borde*, appartenant aux Peyralade, seigneurs de Cos, bourgeois de Caussade [7], qui fut garnie

---

[1] G. LACOSTE, *Hist. de la province de Querci*, II, 416.

[2] Arch. de Tarn-et-Garonne, cartulaire Devals, n° 8, 1313, p. 141, Lettre du sénéchal adressée aux châtelains de Mirabel, Réalville, Caylus.

[3] *Hist. des Communes*, déjà cité.

[4] A. MOLINIER, *Correspondance administrative d'Alfonse de Poitiers*, I, n° 467, Imp. nat., Paris.

[5] F. MOULENQ, *Doc. hist.*, I, 386.

[6] *Idem*.

[7] Arch. de Tarn-et-Garonne, Aymeric Carlat, notaire de Caussade, 1437.

de créneaux et de meurtrières pendant les guerres de religion.

Les gens accourus à Réalville se rendirent coupables de quelque usurpation sur le territoire tout voisin de Cayrac, car le doyen, Arnaud Garnier, formula une plainte, le 21 décembre 1313, devant Mathieu de Courtjumel, juge ordinaire de Querci. Cette affaire amena la fixation précise des limites de la nouvelle bastide, entre les consuls et le doyen assisté de ses religieux cloîtrés [1]. Plusieurs autres personnages assistèrent à cette opération ; c'étaient : Bertrand de Cardaillac, seigneur de Bioule, Jean, son neveu, Bernard de Gardemont, le damoiseau Antéjacot d'Antéjac, seigneur de Lastours, Raimond-Bernard de Gardemont, habitants de Mirabel ; Jean de Gasques, Guillem de Gardemont, habitants de Cayrac [2].

Il y eut néanmoins plus d'une fois des difficultés entre Réalville et Cayrac, au sujet de la délimitation, et par conséquent de la justice. Il en fut de même entre le doyen de Cayrac et le roi, au sujet de la justice de Cayrac, qu'ils possédaient en paréage.

Le paréage avait été consenti en 1171, entre ledit monastère et le comte de Toulouse [3]. Une première contestation eut lieu en 1465 [4]. Le 16 juin 1526 un arrêt du Parlement reconnut à Jean de Montalembert, évêque

---

[1] Voici leur noms : Bertrand de Cabanas, sacriste ; Pierre Canfayet, prieur de Saint-Sulpice ; Pierre de Belmon, prieur de Monclar ; Bernard Cassaïre, prieur de Saint-Victor ; Pierre de Montagut, Raimond Pélissié, Pierre Pauco, Raimond Blanc.

[2] Nous citons cette pièce, dont il y a une expédition aux archives de Montauban, d'après une copie que M. F. Moulenq a lue dans le temps aux archives de M. de Valada, et qui n'a pas été retrouvée.

[3] G. BOURBON et DUMAS DE RAULY, *Invent.-somm.*, G, 494.

[4] *Idem*, G, 475.

de Montauban et administrateur du doyenné, ses droits, d'après le terre-garde de 1314; il ordonna la maintenue de l'arrêt rendu naguère en faveur de son prédécesseur Jean de Cardaillac, abbé de Belleperche, arrêt auquel les consuls de Réalville avaient fait opposition, comme usurpant partie de leur justice [1]. Pour éviter des contestations subséquentes, le roi, en vertu de lettres données à Fontainebleau en décembre 1531, céda au doyen, Jean de Cardaillac, cette partie de la justice qui, avec le port, était affermée 8 sterlings [2]. Enfin, en 1566, un jugement rendu par Jean de Monluc, évêque de Valence, adjugea au doyen les vacants de Castelviel [3], ce qui indique le territoire de Château-Vieux comme objet de la contestation.

La baillie de Réalville s'étendit donc, au début, sur la communauté de Cayrac, embrassant de plus les paroisses de Saint-Nazaire, Sainte-Catherine, Saint-Martin, le lieu d'Almont, la bastide d'Antéjac et le village d'Auty, ainsi que celui de Bioule; mais en 1320, des lettres patentes de Philippe le Long en détachèrent cette dernière communauté, pour la rattacher à la viguerie de Montauban [4]. En août 1369, le doyen Réginald Dolverel obtint que la juridiction de Cayrac, quand Réalville fut détruit, comme nous le verrons plus bas, échappât à ce lieu, pour ressortir dorénavant à Cahors [5].

[1] *Invent.-somm.*, déjà cité, CAYRAC, G, 476.
[2] *Idem*, G, 477.
[3] *Idem*, G, 535, CAYRAC.
[4] G. LACOSTE, *Hist. de Querci.*
[5] SECOUSSE, *Ordonnances des rois*, v, 222. Ordonnance de Charles V à Jumièges, août 1369, ordonnant que le doyenné de Cayrac ressortira dorénavant à Cahors. Le doyen, Réginal Dolverel, expose qu'avant qu'Édouard occupât la Guienne, Cayrac ressortissait à Réalville : « ... *et licet occasione*

guerre, et dictos Edwardum et Edwardum commote et habite, locus de Regalivilla fuerit et sit destructus et devastatus, sic quod in eodem non est neque speratur quod sit aliquis bajulus sive baillivus qui ibidem remanere esset ausus, quodque copia peritorum et clericorum in illo commode nequiret reperiri, decanus predictus et una cum hoc, prefatus locus de Regalivilla, domino de Puich Cornet, sub cujus juridictione sive dominio dictus decanus ressortire minime tenetur, fuerit et sit concessum, unde maxime per deffectum ressortiri complentes et eciam peritorum jura dicti decani et ecclesie possent facilius deperiri, nisi per nos sibi super hoc succurratur graciose... »

LA GUERRE DE CENT ANS

La bastide était à peine sortie de ses langes, qu'elle eut à subir le fléau de la guerre; peut-être même sa prospérité fit son malheur et attira les pillards. Cette longue mêlée de deux grands peuples, qu'on a appelée la guerre de Cent Ans, faillit causer sa ruine définitive. Devenue deux fois anglaise, elle parvint à secouer le joug, après un siège mémorable, dont on trouvera ci-après le récit, et qui ne fut pas un des moindres épisodes de la lutte entre la France et l'Angleterre.

Les villes et villages démantelés depuis le traité de Paris, en 1229, se hâtèrent de relever leurs murailles à l'approche des Anglais. Ceux-ci pénétrèrent de la Gascogne dans le Bas-Querci, en 1345, et, grâce à la connivence de quelques gentilshommes français, ils s'emparèrent de Mirabel et de Réalville, au mois de mars[1]. Les traîtres étaient : Armand, vicomte de Monclar, et trois seigneurs albigeois, Pelfort de Mondragon,

---

[1] *Hist. de Languedoc*, IX, 599.

Bertrand de Lamothe et Hugues de Barbasan [1]. Maîtres des deux villes, les ennemis les pillèrent, ainsi que les hameaux voisins. Ils furent aidés dans ces méfaits par les consuls de Montauban, ce qui fit supposer que ces magistrats étaient de connivence avec les assaillants : aussi l'un d'eux, Jacques Carbonnel, eut la tête coupée et son corps fut pendu aux fourches patibulaires ; les deux autres obtinrent, en vue des services rendus ou à rendre, des lettres de rémission du duc de Normandie, fils du roi, le 22 mars 1346 [2].

Ce pillage n'était pas pour faire aimer le domination anglaise ; aussi, quand, en vertu du traité de Brétigny, la moitié de la France fut cédée aux Anglais contre la libération du roi Jean, c'est à regret que les populations se soumirent à leurs nouveaux maîtres. Le 25 janvier 1362, les commissaires Jean Le Meingre, dit Boucicaut, pour le roi de France, et Jean Chandos, pour le roi d'Angleterre, étaient à Réalville, venant de Montauban et allant à Caylus le lendemain, afin d'engager les habitants à prêter le serment de fidélité à Édouard III [3].

La grande compagnie, ramassis de pillards et de soldats licenciés, qui aimaient mieux conquérir la terre que la travailler, s'était retranchée à Mirabel et à Réalville [4] ; de là, elle faisait des courses et des razzias jusqu'aux environs d'Albi.

---

[1] G. LACOSTE, *Hist. de Querci*, III, 108.

[2] Collection Doat, t. 87, f⁰ 151. Philippe de Valois confirma ces lettres au mois de juillet. Ceux qui en bénéficièrent s'appelaient Pierre-Raimond de Caslar et Guillaume de Moissac. (Cf. FROISSART, I, part. I, ch. 244, éd. BUCHON.)

[3] *Hist. de Languedoc*, IX, 728-729. De Réalville, Johan Chandos, vicomte de Saint-Sauveur, écrivit aux habitants de Montauban une lettre pour accepter leur soumission lfbre et volontaire. (Arch. de Montauban, *Livre armé*, f⁰ 66 v⁰.)

[4] G. LACOSTE, *Hist. de Querci*, III, 176.

Les Anglais restèrent maîtres du pays pendant sept ans, mais leur joug était impatiemment supporté, et les peuples prirent prétexte de l'impôt du fouage pour se révolter. Le mouvement partit du Rouergue et du Querci : le 7 février 1369, Saint-Antonin et Puylaroque avaient ouvert leurs portes aux lieutenants du duc d'Anjou ; Caussade et Verfeil étaient français dès le mois de juin ; Caylus, dès le mois de mars. Il en était de même de Réalville ; mais ce bourg fut repris peu après par les Anglais, qui fortifièrent la place ; ils se préparèrent à y soutenir un siège en règle[1] ; ils le pourvurent abondamment d'hommes et de vivres, sous le commandement du sénéchal Thomas Wacke.

Nous laisserons maintenant la parole à Froissart, le grand chroniqueur, qui n'a pas dédaigné de se faire l'historien de cette lutte mémorable[2] :

« En ce temps tenoient les champs le comte de Pierre-
« gord, le comte de Comminges, le comte de l'Isle, le
« vicomte de Carmaing, le vicomte de Brunikel, le
« vicomte de Talar, le vicomte de Murendon, le vicomte
« de Lautrec, messire Bertran de Terride, le sire de la
« Barde, le sire de Puicornet, messire Perducat de
« Lebreth, le bourc (bâtard) de Lesparre, le bourc de
« Breteuil, Aymenon d'Ortinge, Jaquet de Bray, Perròt
« de Savoie et Ernaudon de Pans, et estoient bien ces
« gens d'armes parmi les compagnies dix mil hommes
« combattant. Si entrèrent par le commandement du

---

[1] *Hist. de Languedoc*, IX, 805, et DEVALS, *Notes pour servir à l'histoire de Caylus*.

[2] A défaut de meilleure recension, nous citons l'édition Buchon, du *Panthéon littéraire ;* au point de vue du texte, elle laisse bien à désirer. Nous aurions voulu pouvoir nous conformer davantage à l'original, et mettre en pratique les règles fixées par le Comité des travaux historiques.

« duc d'Anjou, qui pour le temps se tenoit en la cité de
« Tholose, en Quersin moult efforcement et contour-
« nèrent le pays en grand tribulation, et ardirent (brû-
« lèrent) et exillèrent le pays, et s'en vinrent devant
« Royauville en Quersin, et l'assiegèrent. Le sénéchal
« de Quersin l'avoit paravant pourvue bien suffisamment
« de tout ce qu'il appartenoit à une ville gardée, et de
« bons compagnons anglois, qui jamais ne se fussent
« rendus pour mourir, combien que ceux de la ville en
« fussent en bonne volonté, *si elles eussent pu.* Quand
« ces barons et chevaliers de France l'eurent assiegée,
« ils envoyèrent querre quatre moult grand engins en
« la cité de Tholose, et tantost on leur envoia et fit-on
« charrier. Si furent dressés et mis en ordonnance par
« devant la garnison de Royauville. Si jetèrent nuist et
« jour pierres les mangonneaux par dedans la ville, qui
« moult les contraignit et affoiblit. Et avec tout ce, ils
« avoient mineurs avec eux qu'ils mirent en leurs mines,
« et qui se vantèrent qu'ils prendroient la ville. Et
« toujours se tenoient les Anglais comme bonnes gens
« et vaillans, et se confortoient bien de ces mineurs,
« ni n'en faisoient pas, par semblant, trop grand
« compte.

« Les François estoient plus de douze mil combattans
« parmi les compagnies, et toutes bonnes gens d'armes.
« Et encore, à deux journées près d'eux, se tenoient les
« gens du duc de Berry, messire Jean d'Armignac,
« messire Jean de Villemur, le sire de Beaujeu et les
« autres d'Auvergne et de Bourgogne, qui bien estoient
« trois mil combattans, qui tantost se fussent traits
« avant, si besoin eust été. Messire Jehan Chandos et le
« captal, et messire Guichard Dangle, et les autres, qui

« faisoient frontière à Montalban, savoient bien que le
« siège des François devant Royauville, et quel nombre
« de leur costé ils estoient sur le pays : si ne trouvèrent
« mie gens assez pour combattre ni lever le siège. Car
« le comte de Canteburge et le comte de Pennebrock,
« qui estoient à siège devant Bourdille, ne vouloient
« nullement briser leur siège.

« Or, avint ainsin que les François qui avoient devant
» Royauville mis leurs mineurs en mine, et qui avoient
« leurs engins qui jectoient jour et nuict, si contraignirent
« ceux de Royauville que les dits mineurs vinrent à leur
« entente, et firent renverser un grand pan de mur, par
« quoi la ville fut prise, et tous les Anglois qui estoient
« dedans estoient morts sans prendre à merci, car il y
» avoit de bons écuyers. Ceux de la nation de la ville
« furent pris à merci, parmi ce que, dès ce jour avant,
» ils vinrent à estre bons François et loyaulx. Si ordon-
« nèrent les seigneurs qui là estoient capitaines et gens
« d'armes, pour garder la ville, si mestier estoit, et pour
« donner conseil et avis du réparer. »

La ville avait horriblement souffert; les engins de
guerre avaient renversé ses murailles; les soldats, furieux
sans doute d'une résistance qui avait duré deux mois, la
mirent au pillage, et bien des maisons furent dévastées
et détruites [1]. Les habitants prirent la fuite, et la ville,
qui naguère était peuplée de trois à quatre mille habitants, se vit réduite à plusieurs centaines peut-être. C'est
ce que nous induisons d'une enquête postérieure, éta-
blissant qu'après le siège elle fut réduite à sept feux
taillables, au lieu de cinq cents qu'elle comptait aupara-

---

[1] SECOUSSE, *Ordonnances*, v, 220.

vant[1]; or, si l'on remarque que le feu était l'unité de perception, non d'assiette de l'impôt, c'est-à-dire que pour faire un feu, il fallait souvent la réunion de plusieurs familles, on verra que nos chiffres ne sont pas exagérés. Les habitants qui restèrent durent payer de fortes rançons. Hugues Cornil, l'un d'eux, emprunta, le 10 janvier 1370 (n. st.), la somme énorme de 100 francs d'or à M⁰ Radulphe de Mouscardon, à Puylaroque [2].

La prise de Réalville avait eu lieu fin juillet ou au commencement d'août[3]. De tous les Anglais qui avaient défendu la place, un seul fut épargné : sir Thomas Wacke, sénéchal ; les autres furent passés au fil de l'épée. Quant à lui, à titre d'exemple et pour effrayer les Routiers, fiers soudards qui n'avaient ni foi ni loi et qui ne connaissaient que le pillage, il fut pendu à Toulouse, au mois de septembre 1370, pendant la tenue des États du Languedoc ; l'exécution eut lieu avec beaucoup d'apparat, et pas moins de treize charpentiers furent employés à dresser l'échafaud.

Mais il était de l'intérêt du roi que la ville, dépeuplée par la guerre, par les impôts et aussi par une grande mortalité en 1398, se repeuplât et relevât ses murailles. Pour attirer de nouveaux habitants qui cultiveraient les

---

[1] Arch. comm. de Réalville, AA ¹, Lettres patentes de Charles VI, le 12 janvier 1401 (1402, n. st.), et FF ², Factum imprimé contre M. de Godailh, seigneur de Vaylatz.

[2] Le 10 janvier 1369 (1370), n. st.), *notum sit quod Hugo Cornilli Regalis ville cognovit debere discreto viro magistro Radulpho de Muscardone absenti, me notario pro ipso stipulante, centum auri francos, boni, justi et legitimi ponderis et legis..., ratione et causa amicabilis mutui sibi facti ad opus solvendi financiam per ipsum factam racione sue captionis facte per Franciscos in loco Regalisville et de dicto loco.* (Arch. de Tarn-et-Garonne, Reg. de Pierre Dulac, notaire de Puylaroque, 1369-1373, f⁰ XVII v⁰.)

[3] SECOUSSE, *Ordonnances*, V, 220.

terres abandonnées, pour ramener ceux qui étaient déjà partis, pour retenir ceux qui étaient hésitants, enfin pour récompenser la ville de la loyale obéissance au roi dont elle avait fait preuve pendant les guerres, Charles VI, au mois de novembre 1401, réduisit pour jamais le droit d'albergue à 58 livres 10 sols, au lieu de 117, et même il en dispensa entièrement la ville pendant dix ans [1].

Déjà précédemment, les habitants avaient adressé au roi une requête portant que les ennemis avaient *mis et bouté le feu en icelluy* (bourg), *comme par la mortalité que deux ans a environ y a esté moult grande, et aussy par la tres grande abondance de porcs sangliers et aultre bétail sauvagine qui sont au dit pays*. Le roi leur accorda, le 7-16 octobre 1401, le congé et licence de prendre lesdits sangliers et autres bêtes sauvages, de leur donner la chasse avec chiens et filets, de pêcher et faire pêcher. Le comte de Tancarville, grand-maître des eaux et forêts de Languedoc, dirigea l'enquête, où Me Radulphe de Mouscardon, procureur du roi, nobles Hugues et Gasbert de Montpezat, Gasbert d'Antéjac, seigneur de Lastours, et Jean de Belfort, dit de Lesparre, damoiseaux, témoignèrent avec Jean Boquerii, recteur de Puylaroque, du profit que cette concession vaudrait à la bastide de Réalville et, par suite, au roi [2].

---

[1] Arch. comm. de Réalville, AA 1.

[2] Voici les termes de la concession, d'après le document qui est aux Archives communales de Réalville, AA 1 : « ... *licentiam venandi et venari faciendi et capiendi dictos porcos singlares et alia animalia salvagia quecunque, cum canibus, ressèis seu filatis aut alio quocunque modo, prout dictis habitatoribus placuerit et videbitur faciendum, et simili modo eisdem habitatoribus contulit licenciam et plenariam potestatem piscandi et facere piscandi ac pisces quoscunque capiendi in ripis seu aquis existentibus in dicto loco de Regalivilla et juridictione ejusdem...* »

Ce qu'il advint de Réalville, pendant les années désastreuses qui marquèrent la seconde partie de la guerre de Cent Ans, nous l'ignorons; mais vu les malheurs qui accablèrent alors notre pays, l'adage que les peuples heureux n'ont pas d'histoire, ne nous paraît pas applicable à ce bourg. Nous l'induisons de ce fait que Jean de Peyralade, moine d'Aurillac, prieur de *Bernesels* en Agenais, avait été, dans les derniers jours de décembre 1437, fait prisonnier dans son doyenné de Cayrac, par les bandes du capitaine Sanche de Thoartz, et avait dû payer une forte rançon [1]. Les Routiers se rendirent coupables, dans tous le pays, de nombreux méfaits de ce genre [2].

On trouvera ci-joint une empreinte du sceau de ce personnage. On y lit, autour d'un dais gothique flamboyant qui abrite un saint Pierre, patron du monastère, la légende ci-après : *S[igillum] d[omi]ni Ioh[an]nis de Petralata decani Cairiaci*. L'écu armorié au-dessous porte un bourdon, accompagné de 3 tourteaux, 2 en chef, 1 en pointe brochant sur le bourdon [3].

Contrairement à la promesse insérée dans la charte des coutumes, le roi aliéna le domaine de Réalville, le 25 janvier 1470, à Gilbert de Chabannes, seigneur de la Palice, sénéchal de Guyenne, baron de Caussade, Lafrançaise, Sainte-Livrade [4]; même Louis XI lui abandonna,

---

[1] Arch. de Tarn-et-Garonne, Minutes d'Aimeric Carlat, notaire de Caussade, 1439; acte du 20 août 1439, f° 360.

[2] *Bull. arch. de Tarn-et-Garonne,* 1876, F. GALABERT, *Les Routiers autour de Saint-Antonin, 1437-1440.*

[3] Collection de M. le chanoine Pottier, président de la Société archéologique de Tarn-et-Garonne.

[4] Aux archives des Basses-Pyrénées, on peut voir un énorme in-folio contenant nombre de reconnaissances consenties à ce seigneur par ses vassaux, à Lafrançaise, etc.

neuf ans plus tard, au mois de janvier, le droit de justice[1]; mais cette aliénation ne fut pas maintenue, et Réalville revint à la couronne à la mort de ce seigneur, survenue en 1493[2].

Aucun autre document n'est venu révéler ce que fut Réalville à la fin du quinzième siècle et au commencement du suivant ; nous savons seulement que les enfants du pays firent partie de ces redoutables bandes gasconnes qui, sous les ordres de leurs compatriotes Terride, Monluc et Galiot de Genouillac, inondèrent plusieurs fois l'Italie, et firent aux soldats de Guienne et Gascogne une réputation de bravoure légendaire.

Le commerce et l'agriculture étaient prospères. C'est au port, dont Réalville avait le tiers, Cayrac un tiers, Caussade le troisième tiers, que venait aboutir le mouvement commercial du Rouergue et du Querci ; c'est là qu'il traversait l'Aveyron, d'où il transitait en Languedoc par Montauban ; c'est là que les mariniers d'Albias, de Nègrepelisse et même de Montricoux, couverts du collet à peau de mouton[3], faisaient les chargements de blés, vins, chanvres et pastels, d'où, en suivant le cours de la rivière, ils les amenaient jusqu'à Bordeaux.

Les députés de Réalville aux États du Querci avaient le deuxième rang parmi les envoyés des villes basses[4].

---

[1] *Doc. hist.*, II, 234, où F. Moulenq cite COURCELLES, *Hist. des Pairs de France*, V, CHABANNES, p. 36.

[2] MORÉRI, *Le grand Dictionnaire historique*, art. CHABANNES.

[3] « Chemise de toile à hault collet, unes chausses marines et un collet de cuyr. » Pièces du procès d'Antoinette Gautié et Pierre Delprat, d'Albias, 1556, en ma possession.)

[4] Les villes hautes qui envoyaient aux États du Querci étaient, selon leur rang : Caylus, Lauzerte, Gourdon, Montcuq. Les villes basses, d'après leur préséance, étaient : Mirabel, Réalville, Caussade, Montpezat, Puylaroque, Nègrepelisse, Bruniquel, Martel, Cajarc, Castelnau, Rocamadour, Septfonds,

Le 10 décembre 1537, Raimond Rozet, premier consul, siégea aux États tenus à Cahors, sous la présidence de Guillaume Leyge, évêque de Carros, vicaire général de l'évêque de Cahors, où l'on traita de la gabelle ou quart du sel, dont le Querci se prétendait exempt[1]. A l'assemblée des États tenue à Cahors, le 11 décembre 1540, pour imposer les tailles royales, la ville envoya les deux consuls Jean Viguié et Antoine Rous[2]. Le 3 décembre 1606, ce furent les consuls Antoine Bénays et David Bézin qui furent députés aux États qui s'ouvrirent à Montauban, devant Pons de Thémines, gouverneur du Querci[3].

Ver. Quant à *Pechbrun*, Molières, Bretenoux, Lafrançaise, Souillac, Montricoux, elles ne furent pas représentées, que nous sachions, avant 1606. (Arch. du château de Larra, déjà cité.)

[1] Coll. Doat, t. 88, f° 333.

[2] Archives du château de Larra (Haute-Garonne), Pièces pour établir que la famille de Gourdon-Vaillac-Genouillac avait le droit de siéger aux États.

[3] *Idem*.

LES GUERRES DE RELIGION

ICI commence une bien triste période de notre histoire; les divisions religieuses des Français semèrent le sol de ruines, et arrêtèrent les progrès et la civilisation. Réalville y joua un grand rôle, nous le savons, et nous le saurions bien mieux si le temps et les hommes, plus destructeurs encore, n'avaient anéanti les preuves écrites. *Réalville fut ruiné, saccagé et pillé* [1]; bon nombre de maisons furent démolies ou du moins rendues inhabitables [2]. Dès le début de la Réforme, les idées nouvelles comptèrent à Réalville de nombreux adhérents. Gaspard de Faverges, ministre de Montauban, ayant prêché à Nègrepelisse, les habitants embrassèrent l'hérésie au commencement de 1561, brisèrent les images

---

[1] Arch. comm. de Réalville, Reg. des délibérations, délibération du 29 avril 1663.

[2] Étude de Mᵉ Rouzoul, notaire à Réalville, Registres de Jean Audy, notaire, 1579. On y trouve mention de diverses maisons *ruinées inhabitables*, *sans plancaige aulcung*, dans les rues de la *torn* et de France, vendues par demoiselle Catherine de Valada, veuve Benoist, de Caussade.

le 10 août, et convertirent l'église en temple; ils pervertirent, au mois de février 1562 [1], les habitants de Réalville et de Septfonds, et y établirent des consistoires; déjà le ministre Carvin avait fait des prosélytes à Albias et y avait laissé profaner l'église [2].

Le roi, par un édit du 17 janvier suivant, crut rendre la tranquillité au pays en accordant aux religionnaires le libre exercice de leur culte, hors de l'enceinte des villes et des bourgs, à condition que les protestants rendraient aux catholiques leurs églises dont ils s'étaient emparés. Cet édit fut publié dans le Querci au commencement de mars; mais Montauban, Nègrepelisse, Réalville et Albias refusèrent de s'y conformer [3]. Aussi les troubles reprirent de plus belle; Toulouse notamment fut en proie à une sédition sanglante, où, le 18 mai, les catholiques finirent par avoir le dessus. Par mesure de répression, nombre de protestants furent condamnés à mort, notamment François Calvet, prieur de Montalzat, ancien official de Montauban, dont la parole et l'exemple avait amené beaucoup de prosélytes à la religion *novelament trobade;* il monta sur l'échafaud à Toulouse, place Saint-Georges, le 27 juin 1562 [4].

Monluc, le terrible batailleur, fatigué d'entendre dire que les ministres portaient *une nouvelle foi, imposoient*

---

[1] TH. DE BÈZE, *Hist. des Églises réformées*, I, 461, éd. Vesson.

[2] G. LACOSTE, *Hist. du Querci*, IV, 135, et TH. DE BÈZE, *Hist. des Églises réformées*, I, 456, éd. Vesson. En note, on lit que le même Carvin fonda plusieurs autres églises dans le Haut-Languedoc et en Querci, notamment à Saint-Céré et à Cayrac; nous croyons qu'il faut lire Cajarc, parce qu'il était assez inutile de fonder un consistoire dans un hameau sans importance, à deux pas d'Albias et de Réalville. D'ailleurs, les moines ne quittèrent le doyenné qu'en 1568.

[3] G. LACOSTE, *Hist. du Querci*, IV, 147.

[4] TH. DE BÈZE, *Hist. des Églises réformées*, II, 284, éd. Vesson.

deniers et faisoient des cappitaines et enrollements de soldatz..., prêchaient l'exemption des dîmes et des rentes seigneuriales, *voyant croistre de jour à autre le mal*, dès qu'il eut, avec Burie, reçu commission du roi pour courir sus *aux ungs et aux autres qui prendroient les armes*, entra en campagne. Au bruit que Duras, capitaine des huguenots, avait naguère pris Lauzerte, tué *neuf vingts quatorze prestres*, pillé les églises, enlevé Caussade, surpris et saccagé Caylus, le 22 août 1562, et brûlé la statue de Notre-Dame de Livron [1], il quitta Moissac avec ses compagnies. Passant par Puycornet, le 8 septembre [2], avec deux couleuvrines, il campait dans le village de Mirabel, et un de ses officiers poussait une reconnaissance jusqu'au camp des huguenots devant Caussade, et leur chargeait un corps de garde.

Le lendemain, il fit une démonstration en face de Réalville; les arquebusiers protestants qui défendaient la place, momentanément délaissés par Duras et Bordet qui étaient allés à Montauban, firent quelques décharges du haut des murs, mais ils n'osèrent pas sortir pour se mesurer avec la poignée de soldats commandés par Monluc en personne, qui les attendirent durant deux heures.

Dans la soirée, la petite troupe de Monluc, que Burie avait refusé d'appuyer, se trouva pendant quatre heures face à face avec les bandes du camp de Caussade, évaluées à plusieurs mille hommes [3]; la Lère seule les

---

[1] *Bull. arch. de Tarn-et-Garonne*, t. VII, 1878, F. GALABERT, *Chronique anonyme de la prise de Caylus*.

[2] TH. DE BÈZE, *Hist. ecclésiastique*, II, 478, éd. Vesson.

[3] TH. DE BÈZE, *Hist. ecclésiastique*, II, 234, éd. Vesson, évalue les forces protestantes de Duras, Bordet et Marchastel, à 22 enseignes et 6 pièces de campagne. Monluc et Burie disposaient, d'après le même auteur, de 6,000 hommes de pied et d'un fort parti de cavalerie.

séparait. Comme à la fin la compagnie catholique, n'osant seule attaquer des forces si considérables, se retirait, les casaques blanches (ce costume désigna dès lors les huguenots) firent mine de passer, et alors se produisit une escarmouche où les cavaliers de Peyrot, fils de Monluc, auraient eu le dessous, les protestants les ayant délogés d'une église qui n'est autre que celle de Saint-Martin ou celle de Notre-Dame-des-Misères, et dont, au reste, ces derniers brûlèrent les *images*. Un retour offensif de Monluc ramena bien vite les argoulets de Duras; aussi l'armée protestante n'eut d'autre ressource, pour s'enfuir à Montauban, que de passer l'Aveyron pendant la nuit au port de Réalville. Il est vrai que, sur une fausse alerte, quelques-uns de leurs soldats, se précipitant à pied ou à cheval, se noyèrent, et tous eussent été facilement défaits et jetés dans la rivière, mais quand Monluc y vint le matin avec un parti de cavalerie, c'était trop tard. Théodore de Bèze, l'historien des Églises réformées [1], ignorant la mauvaise volonté de Burie, rend responsable de cette inaction forcée Monluc, qui maudissait sa malechance et qui rabroua son compagnon en un langage que nous ne voulons pas reproduire. Le soir, les troupes de Monluc occupaient Caussade, abandonnée par l'armée protestante, qui alla s'abriter derrière les murs de Montauban [2].

Les chefs catholiques allèrent ensuite mettre le siège devant cette dernière ville, mais ils furent obligés de s'éloigner le 15 novembre; toutefois Terride, en partant, laissa des détachements à Montbeton, Caussade, Albias, Cos, Piquecos et Ardus, afin de mettre ces lieux à l'abri

---

[1] TH. DE BÈZE, *Hist. ecclésiastique*, II, 234.
[2] *Commentaires de Bl. de Monluc*, éd. d'ALPH. DE RUBLE, III, p. 3 à 11.

d'un coup de main ; il en fit de même à Réalville[1], qui serait dès lors rentré dans le parti catholique.

C'est lors des *premiers troubles,* c'est-à-dire vers 1562, que fut *entièrement ruinée et desmolie* la belle église du lieu ; la maison presbytérale subit le même sort[2]. Nos regrets de cette destruction sont d'autant plus vifs que l'église avait cinq à six travées et plusieurs chapelles, fondées et dotées par la libéralité de quelques familles[3] ; sa tour hexagone, surmontée d'une flèche hardie dont on retrouve çà et là les crochets de pierre, portait la croix à cinquante mètres et, comme à Caussade et à Nègrepelisse, projetait dans les airs une harmonieuse silhouette, témoignage de la foi et du goût esthétique de nos aïeux.

Réalville retomba au pouvoir des religionnaires et, en 1568, ils l'avaient fortifié[4]. De là, il leur était facile de lancer leurs bandes sur les villages voisins ; c'est ce dont ne se fit pas faute Valada, dès le mois d'octobre, malgré la paix de Longjumeau. Aidé de Portus et Constans, sous les ordres d'Antoine de Rapin, gouverneur de Montauban, il prit Ardus et s'empara du monastère de Saint-Marcel, dont les moines se dispersèrent ; il entra dans le doyenné de Cayrac, et tirant vengeance d'un abatteur

---

[1] G. Lacoste, *Hist. de Querci,* IV, 168.

[2] Arch. comm. de Réalville, DD, 1693, Requête à l'intendant d'Herbigny dans le procès de la communauté contre Jean Gisbert, prieur-curé, et GG², Transaction entre les consuls et M. de Maynials, prieur, au sujet de la reconstruction de l'église et du presbytère, 19 avril 1668 ; et encore GG¹, pièce de 1638, où plusieurs paroissiens portent plainte à M. de Natalis, prieur, et disent que l'église est réduite au quart de ce qu'elle était jadis. Les beaux fragments de réseaux de fenêtres récemment retrouvés dénotent des proportions autrement considérables que ceux des fenêtres de l'église actuelle.

[3] Arch. comm. de Réalville, GG⁵.

[4] G. Lacoste, *Hist. du Querci,* IV, 206.

d'images que les moines avaient tué [1], il chassa les religieux, qui s'établirent en 1573 à Lalbenque [2], en attendant leur transfert définitif à Castelnau-de-Montratier; il prit d'assaut Nègrepelisse et peu après Montricoux, qui était défendu par Louis de Carmaing, seigneur du lieu. Après cela, les Montalbanais dévastèrent les bois de Saint-Marcel et de Cayrac, pour rétablir les fortifications de leur ville, sur les indications de l'ingénieur Robert de la Bonne [3].

Après le massacre de la Saint-Barthélemy, le baron de Sérignac, gouverneur de Montauban et de la Gascogne pour les Réformés, *occupe quelques places voisines, puis, campé avec deux mil arquebusiers et quelque cavalerie devant Montricoux, fait brèche, donne trois assauts et une escalade; on le repousse avec perte. Bioule et Réalville lui font pareille honte et lui tuent grand nombre d'hommes; mais il la venge au profit d'un sien capitaine, assiégé dans un village avec quatre-vingtz soldats, tue plus de deux cents hommes et chasse le reste à vau-de-route* [4].

L'évêque de Montauban, Jacques Des Prez-Montpezat, dont les mains ne reçurent jamais la consécration épiscopale et qui en profita pour ceindre l'épée, poussé par la nécessité de défendre son troupeau et ses églises, entra résolument en lutte et eut recours aux armes. Voulant dégager Montauban, il commença avec ses troupes à

[1] TH. DE BÈZE, *Hist. des Églises réformées*, I, 851.
[2] CATHALA-COTURE, *Hist. du Querci*, II, 12.
[3] *Mémoires de l'Académie des sciences de Toulouse*, 1864, DEVALS AÎNÉ, *Montricoux...*, in-8° de 43 pages.
[4] *Inventaire général de l'histoire de France*, t. III, in-18, p. 304-305, sans date et sans nom d'auteur. L'échec de Sérignac devant Montricoux aurait eu lieu, d'après Devals, le 23 mai 1573 (*Mémoire de l'Académie*, déjà cité); puis ce gouverneur aurait pris sa revanche dans les premiers jours de juin, pillé et démantelé Montricoux.

faire des excursions jusqu'aux portes de cette ville. En 1574, il fortifia l'église de Vazerac et y mit une garnison catholique; il prit Montalzat, Piquecos, Mirabel, Puylaroque et y mit aussi une garnison [1]. L'année suivante, il enleva Cayrac aux religionnaires et le fortifia; il mit une nombreuse troupe dans Réalville et, avec Antoine de Vezins, sénéchal du Querci, assiégea Montauban. Mais l'union des protestants lui fit bientôt perdre ses succès : le vicomte de Turenne, qui venait d'embrasser la Réforme après avoir dit qu'il aimerait mieux être chien que huguenot, accourut après avoir forcé La Valette à lever le siège du Mas-Grenier; il réduisit à coups de canons le village de Puygaillard, près de Bruniquel, puis Meauzac. De là, passant l'Aveyron pour ouvrir la communication avec Caussade, il vint assiéger Réalville le 23 mai. Abandonnée de l'évêque, qui n'était pas en forces, cette ville supporta le feu de l'artillerie protestante pendant quatre ou cinq jours, et capitula le 27 ou le 28, après avoir vu ses murailles démantelées. Le vicomte y laissa le capitaine Bernard Du Valada pour gouverneur; il attaqua Cayrac, dont la petite garnison se rendit après quelques volées de canon, et il en rasa entièrement le fort [2].

Valada fit ensuite jusqu'au Tarn, aux catholiques, une guerre sans trêve ni merci; il massacrait impitoyablement ceux qu'il faisait prisonniers, et il n'épargnait pas même ceux qui offraient une rançon. L'évêque, irrité de ces brigandages, résolut de surprendre ce capitaine; il se servit de deux soldats de sa compagnie que Valada, après la prise de Réalville, avait vainement essayé à prix d'or

[1] G. Lacoste, *Hist. de Querci*, IV, 222.
[2] *Idem*, IV, 224, et C. Daux, *Hist. de l'Église de Montauban*, II, 76.

d'embaucher parmi ses troupes. Ceux-ci, feignant d'être mécontents de l'évêque, demandèrent à Valada leur incorporation, et peu après, sous prétexte de se venger, ils lui proposèrent une entreprise sur la personne du prélat. Le piège était grossier; néanmoins le capitaine tomba dans l'embuscade tendue par l'évêque, qui était flanqué d'une bonne escorte. C'était le 6 janvier 1575 : Valada se défendit en brave; mais les forces étaient trop inégales, il dut céder au nombre et il fut conduit prisonnier au château de Montpezat. Là, les barons de Cornusson et de Loubéjac traitèrent de sa rançon, offrant quatre prisonniers catholiques et s'engageant à indemniser un gentilhomme du nom d'Escalhabel dont Valada avait brûlé la demeure. Les gens qui amenèrent trois des prisonniers catholiques tentèrent, à l'aide d'intelligences secrètes, de s'emparer de Montpezat pendant qu'on attendait la livraison du quatrième; les traîtres furent repoussés avec vigueur, et l'évêque, indigné de ce manque de loyauté, ne voulut plus entendre parler d'échange. Valada, plus étroitement surveillé, enfermé dans une haute tour, découpa en bandes étroites les draps de son lit et se laissa glisser doucement; mais la corde, trop faible, se rompit, et le malheureux capitaine, tombant sur les rochers, se brisa les jambes. Accourus au bruit de sa chute, les soldats le rapportèrent dans sa prison, où il mourut après quelques heures de soufrance [1].

[1] G. LACOSTE, *Hist. de Querci*, IV, 225; Le BRET annoté, II, 75 et 76, et CATHALA-COTURE, *Hist. du Querci*, II, 13, 17. M. Dumas de Rauly, archiviste de Tarn-et-Garonne, prétend, en vertu du testament d'un Bernard Du Valada, déposé aux Archives départementales, que notre capitaine mourut paisiblement à Montauban en 1580. Or, il y eut deux frères Bernard Du Valada. En effet, un acte de Jean Algayres, notaire de Grenade (Haute-Garonne) en 1572, f° 182 (Arch. des notaires, à la Cour d'appel, à Toulouse), nous apprend que Martin

Une erreur partagée par beaucoup de gens et soigneusement entretenue par d'autres, laisse croire que nos aïeux ne recevaient que peu ou point d'instruction. Or, en 1567, les actes notariés étaient ordinairement signés par les contractants ou par les témoins ; les minutes d'un seul des trois notaires de Réalville, parvenues jusqu'à nous, nous montrent pour cette année les signatures de 82 personnes, réparties entre les professions de chaussetiers, de tanneurs, sabotiers, marchands, praticiens, bazochiens, chirurgiens, prêtres [1], etc... Au milieu des troubles qui suivirent, l'instruction fut nécessairement un peu négligée, et le nombre des illettrés paraît avoir augmenté durant cette période, ainsi que le prouvent les registres notariés de 1583 à 1586 [2]. Néanmoins, la communauté entretenait soigneusement un régent : le 5 août 1584, le premier consul, noble Jean de Cabos, capitaine, assisté de ses compagnons, fit procéder, en assemblée générale, avec la permission du sénéchal, à l'imposition de *32 escus pour payer,* en quatre termes, *le précepteur et maistre d'escoles quy aprand les enfans de lad. ville ;* le loyer de la maison d'école était, en plus, payé 5 écus [3]. Même les femmes ne croupissaient pas dans l'ignorance. Si le nombre des illettrés resta néanmoins considérable, il faut en rejeter la cause sur le malheur des temps et

---

Du Valada, licencié, fils d'Antoine, bourgeois de Réalville, avait trois frères : Bernard, Jean et autre Bernard, et une sœur Jeanne qui avait épousé Raimond Gamel, bourgeois de Grenade, seigneur de Saint-Paul, et à qui était due partie de sa dot.

[1] Étude de M⁰ Rouzoul, notaire à Réalville, Registres de Cassanhol, notaire, 1567. Nous avons rencontré dans ces registres des signatures d'habitants des villages voisins ; elles prouvent que là aussi il y avait des régents.

[2] Étude de M⁰ Rouzoul, notaire à Réalville, Registres de Jean Audy, notaire, 1583-1586.

[3] Minutes de Jean Audy, déjà cité, f⁰ 226 v⁰.

accuser la négligence des populations; accoutumées à traiter devant notaire les moins importantes transactions, elles n'estimaient qu'à demi le bienfait de la science, et les laboureurs surtout en laissaient le bénéfice aux gens de métier et autres [1].

Le 24 mai 1577, les consuls, sur l'ordre de Terride, gouverneur de Montauban, fournirent un subside aux députés protestants qui se rendirent à la conférence de Bergerac [2]; l'on y reconnut aux huguenots le droit d'être admis à toutes les charges.

En effet, à l'exemple de beaucoup de villes et même de villages voisins, Réalville, enfreignant l'édit de pacification accordé en 1576, avait repris les armes. Pour venger cette infraction, le roi imposa, en 1585, une somme de 3,958 écus 45 sols, sur les communautés de Guienne faisant profession de la religion réformée et aussi sur celles qui avaient suivi leur parti. Sur cette somme, Réalville dut s'imposer, le 24 mars, 24 écus 11 sols, ce qui, joint aux 16 écus 33 sols 8 deniers payés par Albias, Cos, Mirabel et Molières, revenait à la somme de 40 écus 44 sols 8 deniers tournois [3].

Me Géraud Boysset remplissait alors à Réalville les fonctions de ministre de la parole de Dieu; il y était encore en 1599 [4].

---

[1] Jean Audy, notaire, déjà cité. Voir, au f⁰ 90, la signature de Jeanne de Vaissière, etc.

[2] Arch. de Tarn-et-Garonne, Cartulaire Devals, n⁰ 9, p. 219. Les consuls de Montauban payèrent 10 sols à un messager envoyé à Mirabel, Albias, Réalville et Caussade. Ils disaient à ces communautés de faire remettre les deniers cotisés sur elles, pour l'entretien des délégués attendus par le roi de Navarre à Bergerac, le 24 mai.

[3] Jean Audy, notaire, déjà cité.

[4] *Idem*, f⁰ 314.

La doctrine calviniste, en exaltant le principe de la foi sur les œuvres, avait porté un coup grave à ces dernières ; aussi les mourants, dans leurs testaments, n'en mentionnent à peu près aucune, abandonnant cela à la discrétion de leurs héritiers ; les dons aux pauvres et aux églises, si fréquents auparavant, ne sont jamais mentionnés. Néanmoins, les huguenots continuaient à choisir leur dernière demeure dans les cimetières paroissiaux, auprès des églises, stipulant, comme les catholiques, que leurs corps seraient mis dans un coffre de bois, ce qui était alors une innovation [1].

En 1593, Thémines, avec quelques pièces d'artillerie, s'empara du château d'Almont [2].

Par son testament du 24 septembre 1554, Jean Aliès avait légué tous ses biens pour fonder un hôpital, au cas où sa fille Jeanne viendrait à décéder sans enfants légitimes [3]. Cette prévision se réalisa ; mais les guerres religieuses ne furent pas favorables à cette charitable fondation, et le jeudi 17 février 1594, les biens des pauvres, consistant en une douzaine de pièces de terre avec une maison, furent vendus aux enchères à l'issue du prêche [4]. Le 10 juillet 1589, leur produit s'était élevé à la somme de 38 livres [5].

La conversion de Henri IV, en 1593, amena des recrues au catholicisme ; les réformés, qui étaient la grande

---

[1] Jean de Cabos, ancien capitaine, du hameau de Martel à Réalville, par son testament du 23 mai 1594, voulut être enseveli dans la chapelle des Cinq-Plaies de l'église de Réalville, en la forme de l'Église réformée. Jean de Cabos vivait encore en 1602. (J. Audy, notaire de Réalville, 1592-1598.)

[2] G. LACOSTE, *Hist. de Querci*, IV, 279.

[3] Registre des Insinuations de Montauban, 1553-1556, f° 189.

[4] Arch. comm. de Réalville, GG⁶.

[5] J. Audy, notaire de Réalville, 1587-1592.

majorité à Réalville, majorité grossie par les réfugiés des villages voisins, virent plus d'une défection dans leurs rangs : nombre de contrats notamment stipulèrent que les mariages seraient solennisés selon la forme de l'Église romaine. Jusqu'alors, par ordre du Béarnais, les commissaires royaux, les capitaines paroissiaux avaient perçu à leur profit, au lieu de solde qui leur faisait souvent défaut, les revenus décimaux des églises, les rentes des prêtres obituaires, même celles de l'abbaye et du doyenné. Profitant du malheur des temps et des troubles, plus d'un tenancier avait refusé aux ecclésiastiques leurs rentes et oublies ; se dérobant à des obligations nettes, certains devaient même des arrérages [1] considérables. Mais après l'abjuration du roi, ou du moins après la soumission des ligueurs, la situation changea. Le 9 juin 1597, le doyen de Cayrac put affermer les dîmes, non seulement à Cayrac, mais encore dans les diverses possessions du monastère, à Saint-Nazaire, à Ardus, aux *sols* de Tauge, de Saint-Barthélemy, de Mirabel, de Compte et de Belram, de Loyle et du Burguet, et de Lalande à Nègrepelisse ; et les capitaines huguenots eux-mêmes, à qui la paix faisait des loisirs, n'hésitèrent pas à se charger de la perception des fruits décimaux pour en tirer bénéfice [2].

[1] Nous demandons pardon de cette appréciation un peu sévère ; mais elle ressort des minutes de Jean Audy, notaire de Réalville, déjà cité ; et M. F. Moulenq, dans ses *Documents historiques*, I, 391, s'appuyant sur des documents similaires, porte sur le lieu et l'époque un semblable jugement.

[2] Minutes de Jean Audy, notaire de Réalville, déjà cité. Les revenus décimaux, rive droite de l'Aveyron, non compris le *carnenc* (dixième des cochons, agneaux, etc.), lin, chanvre, vin, légumes, furent affermés pour un an 51 setiers de froment criblé ; les dîmes d'Ardus, 120 écus, plus 1 quarte pois et 1 quarte fèves, mesure de Cahors ; celles de Tauge, 120 livres, plus demi-quintal de chanvre broyé et demi-quarte pois et demi-quarte fèves, mesure de Nègrepe-

Le doyen et ses chanoines ne firent que de courtes apparitions dans leur monastère, dont les murs avaient été rasés. L'abbé de Saint-Marcel, Antoine de Roquemaurel, chanoine et grand archidiacre de la cathédrale de Montauban, qui résidait à Castelsarrasin, ne vint pas dans son abbaye; même, vu l'insuffisance des revenus, il n'y entretenait qu'un religieux, frère Jean Rey, avec un serviteur [1]. Le 21 septembre 1599, le promoteur de l'ordre de Cîteaux en Languedoc en avait fait saisir les revenus, et le receveur des décimes du diocèse de Cahors réclamait divers arrérages [2]. Antoine de Roquemaurel se démit peu après, le 24 décembre 1601, en faveur de Jean Rey; celui-ci recouvra les biens aliénés, reconstruisit le monastère et l'église Sainte-Catherine; il fut inhumé au pied de l'autel [3].

Martin Du Valada, qui, en 1581, premier consul de Réalville, avait baillé aux enchères l'arpentement et le cadastre du lieu [4]; qui, en 1601, consul de Montauban,

---

lisse; celles du *sol* Saint-Barthélemy, près de Mirabel, 34 écus 1/3, plus demi-quarte pois et demi-quarte fèves, mesure de Mirabel; celles des *sols* de Compte et Belram, 142 écus, plus 1 quarte fèves et 1 quarte pois, plus un quintal de chanvre ou lin broyé; celles de Loyle et Burguet, 98 écus 1/3, plus un quintal 1/2 de chanvre ou lin, 6 poignères pois et 6 poignères fèves, mesure de Nègrepelisse; celles de Loylet et Lalande, 220 écus, plus 1 quintal 1/2 de chanvre ou lin, 6 poignères pois, 6 poignères fèves, mesure de Nègrepelisse; celles de Saint-Nazaire, 31 écus, plus demi-quarte pois et demi-quarte fèves, mesure de Réalville.

[1] La pension annuelle du religieux fut fixée à 6 setiers froment, mesure de Réalville, 7 barriques bon vin pur, 21 écus pour le vestiaire et la pitance, à condition que l'abbé de Cîteaux n'enverrait pas d'autres moines et n'exigerait pas d'autre place monacale. (Minutes de Jean Audy, déjà cité, 4 juin 1600, f⁰ 298 v⁰.)

[2] Étude de Mᵉ Rouzoul, à Réalville, Minutes de Cassanhol, notaire à Réalville, 1600.

[3] F. MOULENQ, *Doc. hist. sur le Tarn-et-Garonne*, I, 346.

[4] Jean Audy, notaire à Réalville, 25 septembre 1581.

devait, avec ses collègues protestants, faire à l'évêque Anne de Murviel sa révérence lors de son entrée épiscopale[1], s'unit, le 8 juin 1597, à Jean de Natalis, docteur et avocat, à Anne de Latapie et à Marguerite de Burgades, tous gens du pays, pour acquérir la directe du domaine royal à Réalville; mais cette aliénation, qui ne comprenait pas le droit de justice, n'eut, croyons-nous, comme la précédente, qu'une durée éphémère[2] : passée à M. de Rossaldy à une date ultérieure, elle fut dénoncée et retirée par le roi en 1608[3]. Les acquéreurs croyaient bien, il est vrai, avoir acquis aussi le droit de rendre la justice; mais ils furent déboutés de leurs prétentions par un arrêt du Parlement de Toulouse, à la date du 11 décembre 1604. Faisant droit à la requête de Jean de Brassac, juge de Querci et de Montauban, l'arrêt statua que, pour les causes civiles, le juge ou son lieutenant se transporterait à Réalville, un jour de chaque semaine, pour y exercer la justice au nom du roi, et que pour les causes criminelles et les faits de police, il jugerait concurremment avec les consuls, *comme ils ont faict cy-devant*[4]. Les contendants étaient d'autant moins recevables, que la communauté avait, le 4 juin 1597, acheté au roi, sous pacte de rachat[5], au prix de 3,333 livres, la

---

[1] Arch. de Montauban, Reg. des délibérations consulaires. Voir la citation *in extenso* dans C. DAUX, *Hist. de l'Église de Montauban*.

[2] *Doc. hist. sur le Tarn-et-Garonne*, II, 234, où M. F. Moulenq cite un document des archives de M. de Valada, maire de Réalville; comme plusieurs autres, cette pièce a disparu depuis lors, mais elle retrouve sa confirmation indirecte dans plusieurs autres titres des archives communales.

[3] *Mémoires de l'Académie des sciences de Toulouse*, VI, 252, année 1862; *Hist. de la ville de Nègrepelisse*, par DEVALS aîné.

[4] *Hist. des comm. du départ*, déjà cité, d'après les notes de M. DEVALS AÎNÉ.

[5] Arch. comm. de Réalville, DD, Mise en possession pour M. Daliès du domaine de Réalville, 13 décembre 1673.

baillie, la justice, les honneurs et prérogatives dus à Sa Majesté[1]. Le pilori, ou fourches patibulaires, était dressé dans le Camp des consuls (aujourd'hui la promenade) ; c'est là qu'avaient donc lieu les exécutions à mort, sur la route de l'abbaye.

Presque à la même date, le 7 février 1597, un arrêt du Parlement de Toulouse réunit la justice de Cayrac au domaine royal[2]. Toutefois, cet arrêt fut non avenu; car, le 1er juin suivant, le doyen recommandait à ses officiers d'évoquer à leur tribunal une affaire portée à tort devant le sénéchal[3]. De plus, le 20 août 1600, Martin Du Valada et sa sœur Catherine, fils d'Antoine, bourgeois, qui prétendaient à partie de la seigneurie et des rentes, reconnurent, après un procès au sénéchal, le doyen Arnaud de Guiral comme seul seigneur haut, moyen et bas de Cayrac, et ne se réservèrent que le droit de poursuivre leurs tenanciers pour le paiement des rentes[4].

En 1588, la mande que les consuls de Cayrac, Blaise Costes et Raimond Glatinhac, reçurent du roi de Navarre, s'élevait à 27 écus 59 sols, y compris le droit de collecte et les gages du secrétaire et du baille, soit 1 écu 1/3 et 40 sols. Dans cette somme étaient compris encore 2 écus, que les consuls pouvaient, à leur choix, employer au banquet de la mutation consulaire ou envoyer au doyen comme seigneur du lieu. Pourquoi cette gracieuseté de la part d'un prince protestant ? Espérait-il se ménager les sympathies du clergé ? Nous ne savons. Les consuls

---

[1] Arch. comm. de Réalville, DD3, Délibération du 16 mai 1673.
[2] *Idem*, Délibération du 8 décembre 1650.
[3] Lettre d'Arnaud de Guiral à son neveu Antoine Bramarigues, insérée au registre de Jean Audy, notaire.
[4] J. Audy, notaire de Réalville, 1598-1600.

envoyèrent la somme au doyen; mais les mandes subséquentes, sans leur laisser ce choix, s'élevèrent à 52 écus 11 sols 9 deniers en 1592, 78 écus 23 sols en 1596, 39 écus 35 sols en 1597, et, suivant la délibération des États tenus à Figeac, à 40 écus 9 sols 4 deniers en 1598.

Pour la communauté de Réalville, la mande de 1597 s'éleva à 316 écus 40 sols, plus 199 écus 41 sols destinés à payer les affaires communales, c'est-à-dire l'albergue, les livrées consulaires, les insolvables et la taille des consuls, qui en étaient exempts. La mande de 1599 s'éleva à 478 écus 15 sols, sur lesquels il fut payé 30 sols à François Labelhe, qui fut député pour représenter la ville aux États du Querci tenus à Moissac. Le 19 mai 1602, les consuls imposèrent la somme de 533 écus 23 sols, qui avait été fixée en vertu de la délibération des États tenus à Lauzerte; suivant la délibération du conseil de ville, approuvée par le sénéchal, l'imposition pour les affaires locales se monta à 80 écus 50 sols [1].

Les deux confessions, catholique et protestante, paraissent avoir eu, dès lors, leurs fonds à part pour l'exercice de leur culte respectif. Le 12 juillet 1602, les consuls réformés imposèrent sur leurs coreligionnaires la somme de 199 livres 10 sols 1 denier, *pour le paicment des gages de M. Charles, ministre de la parole de Dieu, servant en l'esglize de Realville, ensemble des gacges de Me Guilhaume Charmettes, precepteur d'escolles de la d. ville* [2]. Cependant, de cette somme il fut distrait 27 livres

---

[1] J. Audy, notaire, déjà cité.
[2] Les consuls étaient : Étienne de Basset, Jean Mauret, Lamargette et Jean Allard. (J. Audy, notaire, 1592-1602, f⁰ 416.)

pour bâtir une échauguette avec sa girouette sur la tour de la grande porte de la ville[1].

Le prieur Pierre de Natalis, en prenant possession de sa cure, n'avait trouvé qu'une église en ruines. Les catholiques, appauvris par quarante ans de guerres, étaient assez peu disposés à lui payer les dîmes, s'il ne consentait à relever lui-même à ses frais l'édifice paroissial. Le Parlement de Toulouse trancha le débat en condamnant le prieur[2]; même, à titre de garantie, il fit, le 4 août 1599, séquestrer le sixième des fruits décimaux déposés au *sol* de Châteauvieux. Mais cette décision ne supprimait pas la difficulté provenant du défaut de ressources, et nous verrons combien l'œuvre de la réédification avança lentement.

Nous ignorons quelle part prit Réalville à la révolte du duc de Rohan. Avant d'investir Montauban et afin d'assurer ses derrières, l'armée de Louis XIII s'empara des bourgs et villages protestants des environs : le 10 août 1621, le duc de Mayenne fit brûler le village d'Albias; il dispersa une partie des habitants, il tua les autres, et *de cette ville, il n'en resta que le nom,* dit un récit contemporain[3]. Après avoir rasé Albias, Mayenne

---

[1] Jean Audy, notaire, 1598-1602, f⁰ 417. En marge de l'acte précédent, on lit que les consuls avaient employé 27 livres à *l'achapt d'une girete mise sur la tourn de la porte grande de la d. ville, pour l'achapt de certaine chiaux et thuile, pour couvrir la gabie qui est sur lad. tourn, ou pour la faction de lad. gabie, pour late et autres frays que led. Jehan Petit a fayts au profict de l'Esglise reformée dud. Realville.*

[2] Cassanhol, notaire de Réalville, 1600, f⁰ 96, en l'étude de Me Rouzoul, à Réalville. Le prieur fut condamné à *reconstruire et edifier la d. esglise parochielle..., pour affin que le service divin y puisse estre faict.*

[3] *Récit véritable de la prise, par force, de la ville d'Albiac, près Montauban, et punition des habitans d'icelle, mis et taillés en pièces, pour cause de perfidie et rebellion, par Monsieur le duc de Mayenne*, Paris, Rocolet, 1621,

marcha sur Réalville, dont les habitants effrayés s'enfuirent à son approche; il y mit une garnison, puis, ayant été rejoint par le maréchal de Thémines qui arrivait de Caussade, il s'empara de Nègrepelisse et y laissa quatre cents hommes du régiment de Vaillac [1]. Les guerres de religion étaient finies; mais la lutte, terminée sur les champs de bataille, allait se poursuivre sourdement entre les deux partis.

petit in-8º, maroq. rouge jans., dent. int. tr. dor. (Masson-Debonnelle). Coté 30 francs au catalogue de mars 1897 de la librairie Lucien Gougy.

[1] *Mémoires de l'Académie des sciences de Toulouse*, vi, 252, année 1862, *Histoire de la ville de Nègrepelisse*, par DEVALS AÎNÉ. — CATHALA-COTURE, *Hist. du Querci*, ii, 148.

APRÈS
LES GUERRES DE RELIGION[1]

PAR ordre du roi, la ville avait été démantelée ; un arrêt du Parlement, à la date du 6 avril 1624, concéda les matériaux des fortifications pour relever l'église sur ses anciens fondements. Bien mince était la ressource, car avec cela le prieur ne parvint qu'à réédifier deux chapelles et le chœur, c'est-à-dire à peu près le quart de l'ancien édifice.

Soixante ans de luttes ardentes n'étaient pas sans laisser la trace d'une animosité profonde entre protestants et catholiques ; le souvenir du sang versé et de droits méconnus ne pouvait s'effacer qu'à la longue ; aussi ne faut-il pas s'étonner si les huguenots, longtemps vain-

---

[1] Pour cette période, la plupart des matériaux de cette étude se trouvent dans les registres de délibérations conservés aux Archives communales de Réalville. Nous ne citerons pas autrement nos références, à moins que les procès-verbaux ne mentionnent des faits antérieurs à leur date. Nous avertissons une fois pour toutes ceux qui, curieux des sources, voudraient contrôler nos assertions.

queurs, voyant les faveurs royales incliner vers leurs adversaires, mirent plus d'une fois obstacle aux projets des catholiques. Une ordonnance royale du 20 août 1629, provoquée par l'enquête du sieur de Saint-Étienne, commissaire pour le roi, un arrêt du Parlement du 13 mars 1634 ne parvinrent pas à lever toutes les difficultés et à vaincre la mauvaise volonté des protestants : ceux-ci, oubliant qu'il était de leur devoir de relever ce qu'ils avaient détruit, refusaient toujours la livraison des matériaux, la fourniture des manœuvres et les charrois. Une estimation faite par Michel Dupred, *bachelier ez droicts*, juge de Cayrac, porta les matériaux à la valeur de 3,815 livres, et il ne fallut pas moins que les réclamations du prieur André de Maynial et de M. Daliès, pour obtenir plus tard paiement de cette somme. Encore en 1638, sous le priorat de Pierre de Natalis, le local était absolument insuffisant pour la population catholique ; il était ouvert à tous les vents et à la pluie ; les autels étaient tournés à contreface, et l'unique cierge était renfermé dans une lanterne ; les confessionnaux manquaient ; les animaux venaient paître dans l'ancienne enceinte ; faute de ressources, il n'y avait point de prédicateur de l'Avent et du Carême ; ce dénuement n'était guère de nature à amener des conversions [1].

Dès 1624, une contestation s'était élevée entre protestants et catholiques au sujet des élections, et le Parlement, à la requête du syndic de ces derniers, avait fait saisir une paire de bœufs appartenant à Jean Maynié, marchand [2]. Voulant donner la prépondérance aux catho-

---

[1] Arch. comm. de Réalville, Plainte formulée le 1er août 1638, par quatre paroissiens, au prieur, GG¹.
[2] Arch. comm. de Réalville, Délibération du 9 février 1648.

liques, le roi ordonna que dans les consulats mi-partis les huguenots auraient le second et le quatrième rang[1]. Il en fut ainsi à Réalville. Les élections consulaires y avaient lieu, le 1er janvier, de la manière suivante : en présence du juge et du procureur, en vertu d'un arrêt du Parlement, l'assemblée générale étant convoquée, les six consuls sortants choisissaient douze prud'hommes, auxquels ils remettaient une liste d'autres douze personnes gens de bien, non débiteurs ni comptables, ni reliquataires, mais appartenant aux diverses classes de la société. Les prud'hommes, retirés dans une salle de l'hôtel de ville, parmi les douze personnages proposés, en choisissaient six qui étaient à l'instant reconnus pour consuls et qui prêtaient serment, les catholiques sur l'Évangile, les huguenots *la main levée à Dieu;* le sixième consul représentait la paroisse d'Auty. On nommait ensuite un praticien, un avocat et un notaire comme secrétaires, un syndic pour chaque paroisse et deux pour les pauvres nécessiteux.

Un autre Valada continuait alors les traditions militaires du premier en partageant sa croyance. En 1629, il était sous les ordres de Castillon, gouverneur de Caussade, avec le titre de major; mais il dut quitter cette place devant les défiances de Saint-Michel, gouverneur de Montauban. Accueilli d'abord comme suspect par les Montalbanais, ceux-ci le choisirent peu après comme un de leurs députés à la conférence d'Anduze, qui fut provoquée par Richelieu et à la suite de laquelle les fortifi-

---

[1] G. BOURBON et DUMAS DE RAULY, *Invent. somm. des Arch. de Tarn-et-Garonne*, Chapitre de Saint-Antonin, G, 895, Lettres patentes du 18 octobre 1631 contenant déclaration pour les villes où le consulat est mi-parti, à Saint-Antonin, Nègrepelisse, Bruniquel, Réalville.

cations de Montauban furent démolies. Il avait épousé une demoiselle Labouissonnade[1].

Il y avait alors de nombreux bourgeois, quelques-uns anoblis par les charges de magistrature ou de finances, ou à la Cour des aides, d'autres par la profession des armes; petits hobereaux, ils prenaient le nom de leur petite propriété, et, comme a dit Taine malicieusement, *hauts et puissants seigneurs de la crapaudière ou du colombier qui composait tout leur apanage*, ils s'appelaient Basset, sieurs de Lavaur ou de Lauriac; Hugues Molinet, sieur de Granès; Marc de Méric, sieur de Vivens; Jacques de Malaret, sieur de Labarthe; Antoine de Roussel, sieur d'Almont; Pierre de Prévôt, sieur de Labastide; Jacques de Dayrac, baron de Cieurac, sieur de Gardemont et de Lastours, et feu sieur de Cantemerle, son père, etc. Joignez à ceux-ci trois ou quatre docteurs et avocats, un apothicaire, des chirurgiens, praticiens et notaires. Tout cela donne une idée de la vie active et de la bonne compagnie qui se trouvaient alors dans nos petites villes. Tous, nobles et bourgeois, prenaient à leur tour les charges consulaires, et même le prieur-curé assistait de droit aux assemblées générales.

Ces nobles n'avaient guère que des directes, et même quelquefois la communauté, leur contestant la nobilité des terres, les assujettit injustement à la taille. Il est vrai qu'ils avaient bien d'autres prétentions. Les sieurs de Gardemont, dits de Lastours à cause des tours ou salles fortifiées où leurs emphytéotes se réfugiaient en cas de surprise et de guerre[2], réclamaient, comme les

---

[1] CATHALA-COTURE, *Hist. du Querci*, II, 273, 286.

[2] Noble Arnaud d'Orguelh, sieur de Lastours, affermant, le 30 août 1463, *suum hospicium de Turribus..., id est aulam bassam dicti hospicii et unum*

sieurs de Labastide à Saint-Vincent, les bancs, offrande et aspersion distincte à l'église de Saint-Martin en 1658. Pour étayer leurs réclamations, ils produisirent nombre d'actes, notamment un prétendu hommage de 1068 dont les consuls n'eurent sans doute pas de peine à démontrer la fausseté. De la Cour des aides à Montpellier en 1634, le procès avait été évoqué en 1669 au Grand Conseil, où les consuls impétraient un arrêt de provision pour le payement des tailles.

En qualité de seigneur d'Auty, Charles de Raymond prétendait au droit de justice dans sa paroisse ; c'est pourquoi lorsque, le 12 mai, les deux consuls, Guillaume Bec et Jacques Lafreté, s'étant rendus à Auty pour enquêter au sujet d'un chêne volé, ledit seigneur accourut, accompagné de trois gentilshommes, tous à cheval, au grand galop, suivis de cinq à six laquais avec des épées. Le seigneur pressa les consuls le pistolet au poing, *reniant et blasphemant*, et ceux-ci, bien que revêtus de la livrée et du chaperon royal, durent se retirer pour éviter des voies de fait. Procès s'ensuivit, où furent versées de nombreuses pièces. Ces documents établissaient que les seigneurs d'Auty, diverses fois, avaient dénombré toute la justice du lieu, non sans réserves de la part du juge de Réalville, d'autres fois de la justice basse seulement, avec droit de justice haute sur une petite partie de la paroisse. Marie de Raymond et son fils Xavier d'Aubery renouvelèrent ces prétentions en 1730 ; le procès durait encore en 1760. Les consuls

---

orreum sive granier in aula alta, se réserva le logement pour lui et ses emphytéotes, *quod sui pagesii se possint retraere intus dictum hospicium de Turribus, si indigebant pro gentibus armorum*. (Arch. de Tarn-et-Garonne, Mathurin Castilhe, notaire de Caussade, 1462-1469.)

continuèrent de rendre la justice à Auty, et jusqu'en 1790 la mande porta chaque année 12 à 15 livres pour ce service.

Outre la Maison de ville et la halle élevée devant la grande porte de la ville, la communauté possédait divers communaux : le Camp des consuls, situé sur la route de Saint-Marcel; le Foiret; Justice, près du hameau de Marieu; à Auty, la place, le puy de Faille et Guinées. Ces terres et bois, qui étaient une ressource pour les indigents et où ils avaient droit de vaine pâture, d'usage, de bois mort et mort bois, furent malheureusement aliénés plus tard.

LA FRONDE

LES dépenses occasionnées par le passage des régiments qui rentraient de Catalogne, en 1651, furent bien surpassées par les ruines et les exactions qu'amena la Fronde. Le prince de Condé avait soulevé la Guyenne pour sa cause; lui et d'autres grands seigneurs combattaient pour obtenir de la cour quelques avantages; mais le pauvre peuple, qui ne comprenait rien à ces querelles de courtisans, pleurait ses biens et son argent perdus. La ville fut ruinée par les garnisons.

Donner les détails et les noms de toutes les compagnies qui passèrent serait trop long et fastidieux; à peine l'une d'elles était arrivée qu'on composait avec elle pour obtenir son délogement; savait-on qu'un régiment quittait les localités voisines, on avait recours à toutes les influences pour l'éloigner.

Les capitaines des gardes de Saint-Luc ordonnèrent qu'on leur portât à Lauzerte la mande et les quittances des tailles, sous peine de payer deux fois; en 1651 et 1652, à diverses reprises, toujours à coups de menaces et de frais, ils obtinrent, en divers payements, 2,906 livres, à raison de 35 livres par jour. Après le 14 avril, les dépenses s'élevèrent à 5,004 livres 17 sols, y compris diverses sommes payées aux régiments de Champagne et de Lorraine, aux équipages du comte d'Harcourt et à la noblesse qui les conduisait, etc...; ce qui n'empêcha pas le comte, arrivé à Montauban, de réclamer encore 143 livres de frais. Mais voici que le 6 juin arrive la compagnie de cavalerie du sieur de Lugando, qui logera en quartier d'hiver si on ne lui donne 1,000 livres; Jean-Jacques Du Valada part aussitôt pour Montauban et obtient une modération à 600 livres. En même temps, une compagnie du régiment de Vaillac loge à Saint-Vincent, et la compagnie de cavalerie de Ferron à Saint-Martin. Le 3 novembre, on donne 600 livres à onze compagnies du régiment de Vendôme, afin d'éviter que les gens ne soient foulés. Le 18 janvier 1653, quatre compagnies du régiment de Champagne, venues par ordre du duc de Candale, réclament 8,000 livres pour le quartier d'hiver, et, de plus, le commandant veut faire vivre les compagnies à discrétion. Grâce à M. Daliès, trésorier général de France, on transige : le commandant se contente de 1,450 livres pour les officiers; il exige l'entretien du corps de garde, 157 pains de ration par jour, pesant 24 onces chacun, moyennant quoi il s'engage à fournir aux soldats le vin et la viande, non compris les frais de six jours de garnison déjà écoulés. En cette occurrence, la communauté obtint pour aides Cas et Mordagne, qui payèrent 1,500 livres, et Cazals qui, à la place de Vazerac déchargé, paya autres 1,500 livres. Pendant ce temps logent en ville deux compagnies du régiment de Guienne, allant à Saint-Antonin et de là en

Bourgogne. Au bout de quelques jours de garnison, les habitants sont fatigués des exigences des soldats en vin, huile, graisse; les plaintes sont générales; le premier consul Jean Galien et Paul Du Valada sont envoyés à Montauban pour s'entendre avec les communautés accablées des mêmes fléaux; mais l'entente fait défaut.

Quand l'intendant voulut enfin obvier à ces désordres, il frappa les communautés d'un impôt spécial, dit des *ustensiles* de guerre, destiné à l'entretien des soldats; mais le mal était fait, et Réalville ruiné, comme bien d'autres villes, était endetté de plus de 18,000 livres, dont la majeure partie était empruntée à Antoine Daliès, maître d'hôtel du roi, et à Jonathan de Garrisson, sieur de Lustrac, son beau-père.

Au fléau des garnisons vint se joindre celui de la contagion. En 1652, elle avait déjà fait des ravages dans les lieux voisins; les consuls de Réalville fermèrent la ville d'un mur ou palissade de 12 pans de haut et établirent la garde de la santé. Le mal augmenta d'intensité au mois d'août 1653; aussi fut-il défendu à Jean-Jacques Du Valada et à Baptiste de Natalis, qui avaient des parents à Montauban, de communiquer avec eux. Chassés de Montauban par la contagion, les magistrats du Présidial vinrent résider quelque temps dans le lieu. Les consuls prirent, au mois d'août, aux fermiers de Me Bernard Daliès, recteur de Saint-Caprais d'Agen et de Réalville, le douzième de ses revenus pour la subsistance des pauvres malades; le 7 septembre, le chirurgien Guy Raygasse fut envoyé à Cahors acheter 200 livres de médicaments pour fournir gratuitement aux pauvres; lui-même, à cause du danger encouru, reçut 5 livres pour deux visites aux hameaux de Larson et d'Hautepisse;

enfin, certains qui s'étaient moqués de la garde de la santé furent arrêtés, et le Présidial les condamna à demander pardon aux consuls.

Le 1ᵉʳ septembre 1657, la seigneurie de Réalville fut aliénée en faveur d'Anne de Latapie, femme d'Isaac de Bar, seigneur de Villemade, devant Mᵉ Jean de Viçose, lieutenant général en la sénéchaussée de Montauban[1], sans que nous puissions fixer le moment où elle réintégra le domaine royal ; nous verrons bientôt qu'elle fut aliénée de nouveau.

L'instruction, qui avait été négligée pendant les troubles et les guerres, reçut une vive impulsion dès le commencement du règne de Louis XIV ; il y eut même, pendant quelques années, deux régents.

Le régent s'engageait à enseigner les enfants *à lire, à escripre et à l'arithmétique ;* il toucha d'abord 60, puis 100 livres de gages, somme qui fut successivement élevée jusqu'à 250 ; de plus, il recevait de chaque commençant 5 sols par mois, des autres 10 sols, et pour l'arithmétique 15 sols ; il s'obligeait à enseigner gratuitement quatre enfants pauvres. Souvent la régence était exercée par un prêtre ou par un vicaire ; mais, prêtre ou non, le régent était toujours latiniste, d'où pour lui une source de revenus qui n'étaient point compris dans ses gages. Il se chargeait d'instruire les enfants à la religion catholique et à la vertu, à les conduire à la messe tous les jours et à les surveiller aux offices du dimanche. Enfin, il ne pouvait exercer qu'après avoir subi, devant l'évêque, un examen sur sa foi et ses connaissances religieuses ; de

---

[1] F. MOULENQ, *Doc. hist.*, II, 234. L'auteur cite comme référence une pièce des archives de M. de Valada, maire de Réalville, laquelle ne se trouve plus.

même, il montrait aux consuls un échantillon de son écriture et de sa science profane.

En 1653, les fonctions de régent étaient remplies par Mᵉ Honoré Barthe, prêtre, et le 24 janvier les consuls l'envoyèrent à Cahors pour obtenir le délogement d'une compagnie du régiment de Champagne.

Le vicaire Delpech était régent en 1681, à la satisfaction générale.

En 1661, un médecin de Nègrepelisse, subventionné par la ville, venait soigner gratis les malades pauvres; plus tard, on traita avec un médecin de Caussade; des remèdes gratuits étaient distribués aux époques de contagion : les enfants trouvés étaient entretenus et nourris aux frais de la communauté, notamment en 1681, et on peut voir par là que l'assistance médicale ne date pas de nos jours. Un arrêt du Parlement du 22 janvier 1752 avait ordonné l'institution d'un bureau de charité dans chaque consulat. A Réalville, il fut administré par le juge, le procureur, le maire, quelques bourgeois notables et le curé Jean-Guillaume Gisbert. Afin de constituer la caisse, une délibération consulaire du 16 février suivant imposa un sol par livre pour la subsistance des pauvres; nul de ceux-ci ne put aller mendier hors de la paroisse; des secours furent donnés régulièrement à quatre-vingt-trois nécessiteux, et chacun d'eux reçut, deux fois par semaine, le lundi et le vendredi, demi-livre de pain. Le prieur Jean-Guillaume Gisbert, par son testament de 1781, par devant Larrieu, notaire, légua 2,400 livres aux pauvres; et son successeur, M. de Gauléjac, quelques années après, dressa les statuts du bureau [1].

---

[1] Arch. comm. de Réalville, Registre de la correspondance, nᵒ , 1810.

Le 20 mai 1663, une ordonnance de l'intendant Pellot obligea les consuls à envoyer huit manœuvres, à dix sols par jour, pour aider à combler les fossés de Montauban, à peine de 300 livres d'amende et de logement effectif chez les principaux habitants.

La même année, on mit en état la tour de l'église, afin de replacer l'horloge, qui avait été détruite pendant les guerres de religion.

En 1667, on décida de construire cinq grands ponts sur le chemin de Réalville à Caussade, attendu que le roi en faisait les frais pendant que la communauté ferait les charrois.

Le 19 avril 1668 fut terminé par une transaction, un procès qui traînait depuis longues années entre la communauté et les curés. Le roi avait donné les matériaux de démolition des murs de la ville, en 1629, pour les employer à la réparation de l'église, aux frais des habitants des deux religions; il n'avait pas été tenu compte de cette ordonnance, et les prieurs Bernard Daliès et André de Maynial avaient dû, par deux fois, recourir au Parlement. Comme les matériaux avaient été vendus depuis lors, il fut décidé qu'on donnerait au prieur Maynial 800 livres pour le dédommager de la fourniture des bois, fer, chaux, et que la communauté lui bâtirait un presbytère à côté de l'église; lui ou ses successeurs étaient autorisés à établir un jardin au midi [1]. Les protestants avaient aussi obtenu une ordonnance qui les dispensait de contribuer à ce remboursement; toutefois, au mois d'octobre, sur la menace d'un procès [2], ils con-

---

[1] Arch. comm. de Réalville, GG 2.
[2] Idem, BB, 4 octobre 1668.

sentirent à payer leur part, soit 400 livres. Cependant la reconstruction n'avança que lentement, et en 1647 elle n'était pas encore finie [1].

Le prieur Maynial avait dû aussi recourir aux tribunaux pour obtenir le payement des dîmes de blé, seigle, orge, chanvre, fèves et autres menus grains. Son successeur obtint, en 1688, la défense de retirer les récoltes des champs avant d'avoir appelé les fermiers et les marqueurs des dîmes [2]. Une transaction sur le payement de la dîme des menus grains avait eu lieu, le 8 décembre 1685, entre le doyen de Cayrac et les habitants, les sieurs Bernard Martin, conseiller en l'élection, Antoine et Zacharie Latreille, avocats, ces principaux tenanciers ayant été condamnés à payer cette dîme par arrêt de 1682 [3].

Le 22 avril 1675, le roi aliéna à Jean Daliès, son conseiller et maître d'hôtel, le domaine de Réalville, pour la somme de 7,494 livres 7 sols 6 deniers, à charge de foi et hommage, avec recette d'un écu d'or valant 114 sols par an, plus 100 livres de droits d'entrée et les 2 sols par livre. Cet acte, par lequel Daliès devenait seigneur de Réalville, fut lu et publié au prône, à l'entrée de l'église et sur la place publique. Le 10 décembre suivant, Daliès rétrocéda aux consuls la justice haute, moyenne et basse, moyennant une somme de 2,000 livres, et ceux-ci continuèrent jusqu'en 1774 de rendre eux-mêmes la justice criminelle, au nom du roi, concurremment avec le juge [4].

---

[1] Arch. comm. de Réalville, BB.
[2] *Idem*, GG 3.
[3] Arch. de Tarn-et-Garonne, Doyenné de Cayrac, G, 494.
[4] Arch. comm. de Réalville, Reg. des délibérations et liasse DD.

Jean Daliès ayant quitté la France pour cause de religion, ce fut son plus jeune fils Jean, élevé au collège Louis-le-Grand [1], qui lui succéda dans la seigneurie. En 1704, celui-ci épousa, à Martel, Mlle de Caumont; à cette occasion, Réalville envoya une députation féliciter les jeunes époux, pendant que M. Du Valada, premier consul, faisait distribuer aux pauvres la viande d'un veau qu'on avait enrubanné et conduit par la ville, précédé de hautbois et de tambours. Deux ans après, le jeune seigneur étant allé à Paris occuper une place de président, ce fut l'occasion de pareille fête [2].

[1] H. DE FRANCE, *Les Montalbanais et le Refuge*, art. DALIÈS.
[2] La famille Daliès portait dans ses armes : écartelé, aux 1 et 4 de gueules au lévrier passant d'argent, aux 2 et 3 d'argent à 3 fasces d'azur, à la bande de gueules chargée de 3 étoiles d'or brochant sur le tout.

LA RÉVOCATION
DE L'ÉDIT DE NANTES

OUIS XIV, à qui jusque-là rien n'avait pu résister, voulant rétablir dans son royaume l'unité de foi, retira, en 1685, l'édit de Nantes, accordé par son aïeul et qui reconnaissait aux protestants la liberté du culte et l'accès à toutes les charges. Divers actes, précédant cette grave mesure, avaient fait pressentir les tendances du pouvoir et l'état des esprits. A Réalville, une animosité sourde régnait entre protestants et catholiques. En 1679, un enfant moribond d'Antoine Miramont-Chazottes, renégat, avait été baptisé par le vicaire, sa mère étant catholique ; il fut enterré à l'église, sur l'ordre de l'intendant et malgré les réclamations des huguenots. En 1680 et 1681, les consuls avaient demandé à l'évêque un bon prédicateur, qui pût contre-balancer les efforts des trois habiles ministres du lieu, et l'année suivante, ils réclamaient le P. Chrysologue[1] Lachèze,

---

[1] Voici les noms des ministres et les dates auxquelles ils ont fait le service de Réalville : Vialars ou Vialas, 1671 à 1676; Barbat, 1671 à 1685; Damalyv, 1671 a 1677; Solinhac, 1671 à 1685; Sevir, Gomès, d'Olivoi, Bénech, 1671; Rességuerie, 1671 à 1672; Bardeau, 1673; Falguières, 1673; La Ferté, 1673 à

Récollet, à la place du P. Cazenave, Augustin, qu'ils n'avaient point présenté eux-mêmes.

Un arrêt du 8 juin 1682, qui en suivait deux autres de la Cour et du Conseil d'État, avait ordonné la démolition du temple dans deux mois, toutefois avec permission de le rebâtir sur un autre emplacement. Paul Du Valada, syndic des réformés, adressa une requête au Parlement : elle fut écartée [1] ; néanmoins l'arrêt demeura inexécuté. Le 9 juillet 1683, l'intendant Foucault fit publier, au Temple-Vieux à Montauban et au temple de Réalville, l'*Avertissement* pastoral rédigé par l'Assemblée du clergé pour engager les huguenots à se convertir [2]. A partir du 30 mai 1685, l'état civil fut enlevé aux protestants de Réalville [3] ; puis, quand de gré ou de force les religionnaires furent convertis, l'intendant envoya un commissaire, appuyé de troupes d'infanterie, afin de faire procéder à la démolition du temple. De Montauban, Daliès en donnait avis aux consuls le 2 novembre, et il ajoutait : « *Je vous prie de faire conserver mon banc pour le faire mettre à l'église, au lieu que vous trouverez à propos. Celuy qui commande l'infanterie s'appelle M. Perrault; c'est un gentilhomme de qualité qui a beaucoup de mérite. Comme il me fait l'honneur de m'aimer, il vous rendra tous les bons offices qui dépendront de luy* [4]. »

1673, 1682 à 1684; Durade, 1671 à 1675; Vernhes, 1675 à 1677; Debia, 1677 à 1685; Lababre, 1678. Les *trois habiles ministres* de 1681 et 1682 étaient donc : Debia, Solinhac et Barbat; ce dernier était en 1681 ministre aussi de Saint-Antonin. (Arch. comm. de Réalville, État civil protestant.)

[1] Arch. comm. de Réalville, GG 6.

[2] C. Daux, *Hist. de l'Église de Montauban.*

[3] Arch. comm. de Réalville. L'état civil s'arrête à la date du 30 mai 1685.

[4] Arch. comm. de Réalville, GG 6. Les registres des délibérations consulaires manquent de 1682 à 1720; ils nous auraient peut-être fourni sur cet épisode quelques détails intéressants.

Jusque-là les abjurations de protestants avaient été assez rares; depuis 1672, nous en avons compté 18 [1]. Quand arriva, appuyé par les troupes du roi, l'ordre aux protestants de rentrer dans le sein de l'Église catholique, 380 religionnaires abjurèrent du 24 août au 26 septembre 1685 [2]. L'année suivante, du 29 janvier au 17 juin, 6 abjurèrent encore, parmi lesquels demoiselle Marie Du Valada, et bien d'autres que les registres ne mentionnent pas; en 1709, en effet, on ne comptait pas moins de 1,000 nouveaux convertis [3].

La proportion dut être la même à Cayrac, car le 13 novembre 1686 il était nécessaire de reconstruire l'église; la petite chapelle, élevée depuis les guerres de religion dans les masures du doyenné, était devenue absolument insuffisante [4].

Mais les nouveaux convertis [5] étaient loin de montrer

---

[1] Voici leurs noms avec la date : Aguarte, chirurgien de Saint-Sulpice en Languedoc, 1672; Isabeau de Clauzel, Agnette de Clauzel, Adam Vern, 1676; Gabriel Couderc et Jeanne Bouzet, sa femme, 1679; Antoinette de Soubri, Jean Oubrié, Anne Pradines, 1683; Blaise Grané, Jean Cimbal, Catherine de Cuiran, 1684. Les six autres qui abjurèrent sont, dans les registres de la paroisse Saint-Martin : Jean Mousnier, en 1677; Jean Cadours et Daniel Loual, de Bioule, en 1680; Claire-Hermine de Gouzes et Marie Prunes de Gouzes, de Caussade, en 1680; François Peyrade et Élie Valette, de Réalville, en 1682.

Voici les autres abjurations dont nous avons trouvé trace avant la Révolution : en 1740, Jean Martin; en 1754, Marie Coutelle; en 1755, Marguerite Marvielle; en 1750, Marthe Prouxet; en 1789, Suzanne Lombrail (Arch. comm. de Réalville, Registre des baptêmes, mariages et sépultures de l'église Saint-Jean-Baptiste); Astrugue de Gardes, âgé de 95 ans, en 1725; Jeanne Soulié, en 1764. (Registre de la paroisse Sainte-Catherine.)

[2] Arch. comm. de Réalville. Registre des baptêmes, mariages et sépultures de l'église Saint-Jean-Baptiste. Parmi les 24 qui abjurèrent à Saint-Martin en 1685, 2 seulement étaient de la paroisse, 13 de Réalville, 7 de Bioule, 3 de Caussade, 2 de Saint-Nazaire, 1 de Nègrepelisse. (Reg. de la paroisse Saint-Martin.)

[3] Arch. comm. de Réalville, GG 4.

[4] *Invent. somm...*, Doyenné de Cayrac, G, 528.

[5] Arch. comm. de Réalville, GG 4.

une grande ferveur, et l'intendant La Berchère demandait, le 13 novembre 1688, qu'on voulût bien lui signaler les moins zélés et les meneurs qui se dispensaient de l'office divin, afin de faire un exemple [1]. Déjà, du moins ailleurs, les anciens religionnaires avaient manifesté des idées de révolte ; aussi le marquis de Saint-Ruhc, commandant en Guienne, en vertu d'une ordonnance royale du 16 octobre, demandait, le 5 novembre, la remise aux consuls des armes et munitions des nouveaux convertis [2].

Que penser de ces conversions obtenues par la menace et la crainte ?

En vertu d'une règle qui nous paraît trouver ici son application, nous estimons qu'il ne faut pas juger cet acte du grand roi avec les idées de notre époque ; c'est pourquoi un historien peu suspect a dit :

« L'emploi de la violence en matière de foi... ne répu« gnait à personne. A cette époque, il y avait une grande « exaspération contre les protestants. La France, bornée « dans ses succès par la Hollande, sentait une autre « Hollande dans son sein, qui se réjouissait des succès « de l'autre. » Cette appréciation de Michelet paraîtra peut-être sévère ; nous ajouterons que si l'unité de foi est chose désirable, il fallait s'efforcer de l'obtenir par la persuasion et non par la force : les soldats auraient dû être remplacés par des missionnaires.

On a dit qu'un grand nombre de religionnaires passèrent à l'étranger, y portant les arts et l'industrie de la France. Ce ne fut assurément pas le cas à Réalville, où, sur vingt-cinq à trente réfugiés environ, l'un était estaminier, un autre tisserand, un troisième cuisinier, un

[1] Arch. comm. de Réalville, GG6.
[2] *Idem*, GG6.

quatrième serger; les autres ne paraissent pas avoir eu de profession mécanique.

Voici leurs noms, avec les situations qu'ils occupèrent à l'étranger :

Antoine Daliès, seigneur de Réalville, baron de Caussade, conseiller du roi[1], réfugié en Suisse en 1686; six de ses enfants, dont Marthe, épouse de M. de Portail, allèrent le rejoindre; Jean, le septième, resté en France, fut élevé, par ordre du gouvernement, au collège Louis-le-Grand.

Antoine Delvrel, mort à Berlin à 86 ans en 1729; il paraît être le même que Antoine Delbrel, tisserand, réfugié à Berlin en 1701, où il était mentionné comme étant de Montauban.

Jean Gardes, estaminier, mort à Berlin en 1718, à l'âge de 58 ans.

Jean Monnié, mentionné avec cette orthographe dans la liste des abjurations, est le même que John Monier qui, ayant épousé Élisabeth Dubois, se trouvait en Angleterre en 1688; il était capitaine trois ans après.

Suzanne Monier, veuve Duquesne, épousa, en Angleterre, le colonel Pierre Petit.

Jean de Natalis, fils de Corneille et de Marie de Brassard, avocat en la cour, Montalbanais de naissance, appartenait à Réalville par sa famille, ses biens et ses attaches. Avec son fils Natalis-Laplanche, il se réfugia à Berlin, où Frédéric Ier le nomma, à cause de ses connaissances juridiques, conseiller de cour et d'ambassade. Plusieurs de ses fils allèrent le rejoindre; il mourut en juillet 1694, à Gex, en Suisse, où sa femme Marthe de

---

[1] Arch. de Tarn-et-Garonne, Doyenné de Cayrac, G, 492.

Colom, fille de noble Samuel de Colom et de Marthe Daliès, allait le retrouver.

Jacques Soulié, cuisinier, établi à Wezel en 1698-1700, est mentionné avec le surnom de *Perdigal,* que l'on trouve dans la liste des abjurations de Réalville.

Joseph Du Valada s'était réfugié, en 1685, en Flandre, où sa femme Aldonce de Rigail, demeurée prisonnière un an et demi à Bordeaux, alla le rejoindre. Son fils et trois filles allèrent les retrouver, ainsi que Marguerite Du Valada, sa cousine-germaine, fille de Du Valada-Dupuy [1]. Il mourut à Londres en février 1716.

Son fils Joseph était capitaine en 1699 au régiment de la Melonnière, au service de l'Angleterre ; il mourut cette même année en Irlande, à l'armée.

Jeanne Du Valada, épouse de François Barbat, qui avait été ministre de Réalville, se réfugia à Londres et y vivait encore en 1716.

Élie Valette, le dernier de ceux qui sont portés sur la liste des abjurations de Réalville en 1686, était à Berlin ; il est mentionné comme serger, du Quercy, avec Madeleine Hugonne, sa femme ; ils y firent baptiser un enfant qui fut présenté par Antoine Palmier, de Caussade. Élie Valette se fit *tabaquier,* et de 1708 à 1716 il était à Spandau, avec sa femme et sept enfants.

Alexandre Viala ou Vialars, fils d'Abel qui avait été ministre à Lacrouzette en Languedoc ; il se trouvait en 1695 à Amsterdam, avec sa femme et trois filles. Son père avait à Réalville, en 1643 [2], une maison et divers biens, et sa parenté du même nom y était fort nombreuse.

---

[1] Les cendres de Du Valada-Dupuy sont conservées dans un bocal à la villa Saint-Marcel.

[2] Arch. de Réalville. Registre des délibérations.

Nous mentionnerons encore, quoique son origine réalvilloise soit très douteuse, Alard, réfugié avec d'autres à Oxford (États-Unis)[1], et M. A. Hardy, neveu de Daliès, établi en 1744 dans le Brabant septentrional.

Dès 1709, les nouveaux convertis faisaient déjà *très mal leurs devoirs;* les baptêmes, qui, grâce à eux, s'étaient en dix ans élevés jusqu'au chiffre de 323, retombent alors sans eux à la moyenne normale qu'ils avaient atteinte avant la révocation de l'édit. Néanmoins la population allait augmentant dans des proportions étonnantes. De 1668 à 1788, c'est-à-dire dans une période de cent vingt ans, les baptêmes excédèrent les sépultures de 1,595 ; à Cayrac, l'augmentation fut de 358 âmes dans l'intervalle de 1705 à 1761 ; aussi estimons-nous la population de Réalville et Saint-Martin à plus de 1,500 âmes à la fin du dix-septième siècle[2].

Les fonctions municipales, jusque-là électives et gratuites, perdirent alors leur caractère d'économie et d'indépendance ; un édit d'août 1692 créa, jusque dans les villages, des maires perpétuels avec des lieutenants et

---

[1] C'est grâce au bel ouvrage de M. Henri de France, *Les Montalbanais et le Refuge*, Montauban, imp. Forestié, 1887, que nous avons pu trouver à peu près tous ces noms de réfugiés ; nous avons collationné ces listes avec celles des abjurations du registre des baptêmes, sépultures et mariages à Réalville.

[2] Il est vrai que le Mémoire de l'intendant La Houssaye, déposé aux Archives de Tarn-et-Garonne, évalue, p. 25, à 500 ou 600 âmes en 1699 la population de Réalville, comme celle de Molières, Lafrançaise, Montricoux, Bruniquel. C'est une erreur flagrante, du moins pour Réalville, car le chiffre de 41 baptêmes et 8 mariages catholiques qu'il y eut en cette année, chiffre qui se maintint avant et après cette date, suppose une population beaucoup plus considérable. Il ne servirait de rien de prétendre que l'intendant a voulu parler des nouveaux convertis exclusivement, car Lafrançaise et Montricoux n'avaient pas de protestants.

Du reste, on peut voir à l'*Appendice* les irréfutables calculs, par tableaux synoptiques, que nous avons établis au moyen des registres paroissiaux catholiques et protestants de Réalville.

assesseurs. Ce fut Hector-Joseph de la Roche-Chassincourt qui acquit [1], moyennant finances, la charge de maire de Réalville ; quant à ses assesseurs, nous n'en avons pas trouvé trace, et peut-être ces charges ne furent pas achetées, sauf celle de gouverneur, qui aurait été acquise par le baron de Cieurac [2].

Elles furent supprimées en août 1717 ; mais l'État avait, dans la création de ces charges vénales, un trop facile expédient financier, pour n'en pas faire de nouveau usage. Un édit d'août 1722 créa toute une série d'offices municipaux : c'étaient ceux de maires, lieutenants de maires, assesseurs, échevins, capitouls et jurats, secrétaires-greffiers des hôtels-de-ville et leurs contrôleurs anciens, alternatifs et triennaux, etc. Ce fut Honoré Allard, conseiller du roi, premier consul, qui, le 26 novembre 1723, obtint, contre payement de 6,600 livres, les provisions de maire ancien et mi-triennal, à 120 livres de gages annuels. Le 23 mars suivant, Guillaume Combelles fut, à son tour et aux mêmes conditions, créé conseiller du roi, maire alternatif et mi-triennal ; mais seule la première nomination fut maintenue.

Supprimée plus tard, pour être créée de nouveau en novembre 1733, la charge de maire ancien et mi-triennal advint de nouveau à Honoré Allard, juge, au prix de 2,306 livres, aux gages de 67 livres 10 sols, le 4 janvier 1744. Les treize autres offices étant restés sans acquéreurs, la communauté fut invitée ou, pour mieux dire, obligée à les réunir au corps de ville contre 4,800 livres,

---

[1] Arch. comm. de Réalville, GG³. Originaire de Chiris, au diocèse de Bourges, ledit La Roche avait épousé Jeanne de Roussel, au masage d'Almont. Il ne fit pas souche. (Reg. paroissial de Saint-Martin, 1687, et seqq.)

[2] Arch. de Tarn-et-Garonne, Mémoire de l'intendant de La Houssaye, p. 130.

en 1752. Ces impôts déguisés, qui grevaient les peuples sans combler le gouffre du trésor, devaient amener la royauté à sa perte.

Malgré la vente des biens de l'hôpital en 1594, le patrimoine des pauvres s'était conservé ou du moins reconstitué. En 1668, le roi céda ses biens aux chevaliers du Mont-Carmel et de Saint-Lazare; mais la communauté décida, le 20 juillet, de s'opposer à cette cession, et, en attendant, elle continua à distribuer des billets de charité comme à l'ordinaire[1]. La cession n'eut pas lieu, car en 1675 nous trouvons la nomination d'un syndic pour administrer les biens de l'hôpital, avec un emprunt de 240 livres que la communauté avait fait à sa caisse[2].

Par arrêt du Conseil du 19 mai 1725, intimé par Raimond Liauzu, subdélégué de l'intendant à Caussade, l'hôpital fut uni à celui de Montauban, avec ceux de Caussade et de Montpezat; il y fut uni de même les deux tiers de la *sagre*, ou aumône annuelle de 365 sacs de blé que faisait le monastère de Moissac. Cependant cet arrêt ne reçut pas son exécution, du moins pour Réalville, eu égard sans doute aux vives protestations du juge Honoré Allard, du prieur Jean Gisbert et des autres administrateurs. Grâce aux réclamations qui avaient empêché l'union de l'hôpital à celui de Montauban, les consuls continuèrent à l'administrer; aussi, en 1786, quatre familles indigentes habitaient les locaux, et Lhospital aîné, minotier, y avait fait pour son compte diverses réparations.

En vertu de la déclaration du roi défendant d'admettre aux charges ceux qui ne donnaient aucune marque de

[1] Arch. comm. de Réalville, BB 2.
[2] *Idem*.

catholicité, Jean Mieulet, secrétaire de la communauté, fut remplacé le 12 août 1725.

Tirant parti de la vanité de ses sujets pour faire affluer l'argent au trésor toujours vide, le roi, par son édit de 1722, avait aussi créé des offices de procureurs, même près des hôtels de ville qui n'avaient aucune importance; c'est pourquoi, le 2 décembre 1723, Jacques du Moulinet se fit pourvoir, moyennant 220 livres, de l'office de procureur du roi en l'hôtel de ville de Cayrac [1].

Continuant de marcher dans cette voie, le roi accorda, moyennant finances, nombre d'affranchissements de biens taillables. Ainsi fit-il en 1729 en faveur d'André de Malaret, sieur de Lacoste, pour les terres qu'il possédait à Réalville; celui-ci avait versé au trésor 1,433 livres, et il toucha une rente annuelle de 28 livres 13 sols 4 deniers [2]. La Révolution approchait pour proclamer l'égalité devant l'impôt.

Continuant les errements de ses prédécesseurs, Louis XVI, par arrêt du Conseil, créa de nouveau, le 8 mars 1777, les charges de maire et lieutenant de maire, et jusqu'en 1789 les premier et deuxième consuls portèrent ces titres, que la communauté avait acquis et payés.

Le 22 décembre 1722, deux compagnies du régiment de Navarre arrivèrent à Réalville pour y prendre leurs quartiers d'hiver; les consuls aménagèrent à cet effet les maisons Rey, Labarrière, Cambon, et y firent mettre des râteliers pour les armes, des châssis garnis de toile, des planches à pain, des portes neuves avec loquets, et ils fournirent le bois et la chandelle, à raison de 24 sols par

---

[1] MILA DE CABARIEU, *Le Bureau des trésoriers de France*, étude parue dans le *Bull. arch. de Tarn-et-Garonne*, 4e trimestre de 1895, p. 292.

[2] *Idem*.

jour. Les troupes étaient encore à Réalville le 6 février suivant.

En 1725, les charrois nécessaires pour la construction de la cathédrale de Montauban étaient faits par les communautés du pays ; la part de Réalville fut de 640 pieds cubes de pierre, et les bouviers récalcitrants devaient y être contraints par logements effectifs.

Le 9 décembre 1725, le régent Pierre Malesaigne avait quitté Réalville pour s'établir à Caussade ; on prit alors Pierre Saint-Germain, qui avait été régent à Mirabel. Mais rien n'était instable comme ces fonctions ; aussi Malesaigne revint-il quelques années après, pour y être remplacé provisoirement en 1740 par le vicaire Hugon et définitivement par Pierre Chancel-Ternières.

Jusqu'ici nous n'avons point mentionné les régentes ; il y en avait pourtant, et en 1705 il était dû à ce titre à Antoinette de Pons, ou à son frère, la somme de 100 livres. Le 19 janvier 1721, la communauté traita avec Françoise de Bébian, fille d'un bourgeois de Mirabel, qui avait fait pendant huit à neuf ans l'école à Caylus, et qui était *très propre à élever les filles à la crainte de Dieu et les enseigner à lire, escrire et à travailler ;* ses gages s'élevaient à 60 livres.

Les demoiselles de l'École chrétienne et de charité de Cahors, autrement dites Mirepoises, s'établirent à Réalville dès les premiers mois de 1745 ; le but de leur institution était l'instruction des jeunes filles et leur éducation à la religion catholique. Le prieur Antoine Gisbert leur avait, en mourant, légué une maison et jardin au faubourg, avec quelques rentes. La communauté agréa l'une d'elles comme régente, et leur servit dorénavant à ce titre des gages annuels de 100 livres, jusqu'en 1792.

Cette même année, le sieur Gary, qui avait exercé pendant dix-sept ans les fonctions de régent à Lafrançaise, se présenta avec d'excellents certificats du juge, du curé et des consuls ; il fut admis à la régence, à condition de ne point donner des leçons de latin pendant la classe ; mais deux ans après, il était déjà parti. Son remplaçant s'appelait Nicolas Lambert, originaire de Maubeuge. A Jean Alauzet, qui avait rempli provisoirement les fonctions de régent, le conseil accorda 50 livres.

Vers 1735, Paul-Antoine Daliès, seigneur du lieu, président à la Cour des Aides à Montauban, épousa Jeanne-Gabrielle Du Faur, comtesse de Bioule, et réunit ainsi dans sa famille ces deux seigneuries [1].

C'est en 1743 que fut construite la grande route nationale ; deux ans après, la communauté y fit planter des ormes, à la distance d'une toise des cultures.

Le mur de façade de l'église menaçait ruine ; les travaux de réparation, mis en adjudication le 19 septembre 1747, s'élevèrent à la somme de 300 livres, non compris le sable, la chaux et les matériaux, que les habitants portèrent à pied d'œuvre.

Une mission paroissiale fut donnée en 1751 ; à la demande des missionnaires, les consuls achetèrent, pour faire une croix, un chêne qui, avec la peinture et les accessoires, coûta 33 livres 15 sols, le 28 novembre. Il en avait été de même le 14 avril 1721.

Réalville avait droit à trois foires, dont une avait été concédée par Louis XIV en mars 1646, avec droit de péage trois jours avant et trois jours après ; en 1772, il en comptait cinq, aux dates des 26 janvier, 25 juin,

---

[1] F. MOULENQ, Doc. hist., II, 239.

21 septembre, 18 octobre, 23 novembre. Le marché avait lieu le jeudi ; mais ni foires ni marchés ne furent jamais prospères. Les consuls essayèrent souvent de les faire fleurir : tous les quatre ou cinq ans, ils décidaient à nouveau que les bientenants y enverraient leurs denrées et leur bétail ; ceux-ci obéissaient à regret, demandaient des prix exagérés, s'en retournaient avant onze heures du matin, et bientôt tout revenait comme devant, et les marchés restaient déserts.

En 1747, on essaya d'un système de contrainte que nous trouverions aujourd'hui fort étrange, et contre lequel les habitants regimbèrent plus d'une fois : des *policiens* étaient chargés d'aller sur les routes arrêter les gens qui portaient leurs denrées aux foires voisines, avant de les avoir mises en vente aux foires de Réalville ; les consuls, en vertu de leur droit de police, procédant d'une façon sommaire, condamnaient les prévenus, et la moitié de l'amende était pour les policiens. Le 14 juin 1778, les consuls obligèrent les bientenants à porter leurs denrées, sous peine d'une amende de 10 livres ; on répara la halle et les mesures de pierre, rien n'y fit. Cette persévérance digne d'un meilleur sort n'obtint jamais de résultat. La minoterie, qui avait été florissante jusqu'à la guerre du Canada, perdit son principal débouché par le traité de Paris, en 1763 ; néanmoins, cette industrie se maintint jusqu'à la Révolution.

Le service militaire n'était rien moins que populaire ; aussi ceux qui tombaient au sort se cachaient ou désertaient. Comme les consuls étaient rendus responsables, ils s'efforçaient de découvrir les miliciens réfractaires et de les amener sous bonne escorte à l'intendant ; mais c'était l'occasion de dépenses pour la communauté ; en

1747 notamment, la somme dépensée de ce chef ne s'éleva pas à moins de 141 livres 16 sols.

Le 17 octobre 1751, François Pélissié, bourgeois du hameau *del Rauzas*, se chargea de lever les tailles, et en 1778 il s'offrit à remplir ce même office, à 5 deniers par livre, au lieu de 6 qui était le droit ordinaire.

Des réparations furent exécutées, en 1752, à l'église Notre-Dame-des-Misères; le 16 janvier, l'assemblée générale décida que la communauté y contribuerait pour un tiers.

En 1756 et 1757, le ministre Jean Gardes faisait son service à Réalville, c'est-à-dire prêchait et baptisait *au désert*, sous le pseudonyme d'Armand[1]. Vers 1735, Sicard le jeune avait rempli les mêmes fonctions à Saint-Martin[2].

En 1761 se passa un évènement dont nous devons parler un peu longuement. La garde bourgeoise de Caussade arrêta, dans la nuit du 13 octobre, trois personnes qui furent conduites au corps de garde : l'une d'elles, interrogée par les consuls, déclara se nommer Rochette, ministre du Saint Évangile, *venir du désert, aller au désert, habiter le désert*, désignant ainsi les bois et les landes où les protestants tenaient leurs assemblées. On trouva sur le premier une patente de ministre du désert du Bas-Languedoc, des registres de baptêmes et mariages, des sermons avec des états de cotisations sur plusieurs villages de l'Agenais. Deux cents protestants de la campagne, aussitôt ameutés, armés de fusils et de faux, se ruèrent jusque sur la prison; mais la garde

---

[1] H. DE FRANCE, *Les Montalbanais et le Refuge*, déjà cité, p. 459, note.
[2] Arch. comm. de Réalville, Registre de la paroisse Sainte-Catherine, année 1760.

bourgeoise, renforcée par les habitants, même protestants, accourus au bruit du tocsin, tint ferme, et force resta à la loi.

L'intendant, avisé de la gravité de la situation, donna ordre à diverses brigades de la maréchaussée de se rendre à Caussade; mais elles furent arrêtées en route par un fort parti de séditieux et elles durent chercher un abri dans Réalville; toutefois un cavalier put arriver à Caussade par des chemins détournés, au péril de sa vie. C'était le 14 octobre, et la municipalité réclama des secours aux villes voisines, pendant que la garde bourgeoise restait sur pied et que la ville était éclairée la nuit. Le troisième jour, elle fit fouiller les bois voisins, et une rencontre eut lieu sur le territoire de Réalville, au lieu de Grézels; les insurgés se battaient dix contre un et furent néanmoins défaits au bout de deux heures; leurs chefs, les trois frères Grenier, gentilshommes verriers, furent faits prisonniers avec huit autres. Sur le bruit que les protestants en armes se proposaient d'enlever les prévenus pendant le transfert aux prisons de Toulouse, les diverses brigades de la maréchaussée enfin arrivées, renforcées des gardes bourgeoises de Caussade, Montpezat, Puylaroque, Montalzat, conduisirent les prisonniers à Cahors, d'où on les transféra sans obstacle à Toulouse. Là, le ministre fut, en 1762, condamné à être pendu, les trois frères Grenier à être décapités, deux autres prévenus aux galères à temps, un au bannissement, les autres furent relaxés [1].

En 1762, la communauté de Cayrac paya au roi une albergue de 50 livres, pour la justice du lieu et le fief

---

[1] CATHALA-COTURE, *Hist. du Querci*, III, 129 et seqq.

de Bellerive, qui avaient été adjugés à Sa Majesté, par arrêt du Conseil du 30 avril[1].

Ainsi que l'indique une inscription lapidaire gravée sur la porte, au milieu d'un écusson martelé, l'église de Cayrac avait été réparée au mois d'août 1772, et mise en l'état où elle se trouve aujourd'hui; on y voit encore une table de communion à balustres de bois, la chaire est un *palco* fermé aussi par des balustres comme l'escalier qui y conduit, l'autel en bois est orné d'un rétable doré[2].

En 1778, la paroisse de Saint-Nazaire, qui avait, comme les autres, un rôle d'impôts spécial dans la communauté de Réalville, imposa 2,800 livres pour reconstruire le presbytère et l'église ; ceux-ci viennent d'être remplacés avantageusement. La paroisse Sainte-Catherine imposa également 1,100 livres pour son église. Enfin le prieur

---

[1] *Invent. somm. des Arch. de Tarn-et-Garonne*, déjà cité, CAYRAC, G, 533.

[2] Voici l'inscription qui, avec le nom de l'intendant Legendre, nous donne le nom du doyen François Dalmais et du premier consul Bernard Martin, conseiller en l'élection :

SVMPTIBVS
CVRA ET   DELIGENTIA
FRANCISCI   GASPARIS LE
GENDRE PRO   VINCIÆ
PRÆFECTI   FRANCISCO
DAL   MAIS
DEC   CANO ANN
VENTE
CUM   PAR
OCHI[AN]IS SVPLI
CANTI
BVS
ANNO D MILLESIMO SEPTINGENTE
SIMO SECUNDO MENSE AVGVSTI
BERNA[R]DO MARTINO SVPREMO CONSVLE

La maison du doyen, qui est à côté, reconstruite à la même époque, vient de subir une adaptation moderne.

Gisbert fit, à ses frais, carreler l'église de Réalville, et la communauté fut mise en demeure de réparer la charpente et la porte d'entrée.

Françoise de Maury, épouse de Simon de Cazalès, qui se titrait dame de Lastours, renouvela, le 10 mai 1773, les prétentions aux droits honorifiques dans l'église que ses prédécesseurs avaient revendiqués. Il lui fut répondu que M. de Godailh de Cieurac, baron de Vaylatz, avait sur ce même sujet intenté procès à la communauté, en 1731, et qu'il avait été débouté, en vertu du droit de justice acquis par les consuls le 4 juin 1597. Pareil jugement avait été rendu le 11 mars 1733, contre le sieur de Labastide[1].

Forts de leurs droits, ainsi maintes fois reconnus, les consuls et le juge avaient en l'église Saint-Martin, matrice de celle de Réalville, et en l'église Saint-Vincent, le premier rang. A l'église du lieu, ils avaient leur tapis et aussi leur banc, dont le dossier portait les armoiries de la ville, et, selon une parole célèbre, eux aussi *siégeaient sur les fleurs de lys*. Leur banc était précédé de celui du seigneur; le dimanche, avant la messe paroissiale, le célébrant devait faire à celui-ci une aspersion distincte et solennelle; il avait encore le pas à l'offrande, le droit au pain bénit, aux cordons du dais, etc. Vers lui et vers les consuls s'inclinait gravement le prédicateur quand il faisait allusion aux devoirs de leur magistrature, et eux, à leur tour, avec cette politesse exquise qui était le propre de nos aïeux, répondaient par un salut gracieux. Envahis par la démocratie, nous ne comprenons plus aujourd'hui ces mœurs des salons, et nous sommes tentés

---

[1] Arch. comm. de Réalville, FF², Mémoire à consulter, Factum contre M. de Godailh de Cieurac.

de trouver puériles ces querelles de préséance; la fameuse nuit du 4 août 1789 emporta tous les privilèges sans retour et sans regret.

Un édit royal de mars 1794 supprima un certain nombre de juridictions; de ce nombre fut celle de Réalville, qui fut réunie à celle de Caussade [1]. La ville fut très sensible à la perte de ce privilège, qui valait à ses consuls l'honneur de siéger et de juger concurremment avec le juge royal; toutefois il restait à ceux-ci le droit de simple police, et ils ne se firent pas faute d'en user plus encore que par le passé. En vertu de ce droit, les consuls procédaient annuellement, et plus souvent si c'était nécessaire, à la taxe du pain, à la visite des poids et mesures et des bouteilles des cabaretiers; ils défendaient à ces derniers de donner du vin pendant les offices et la nuit; divers délinquants ayant été condamnés une première fois à payer 20 sols et à demander pardon, durent à la récidive payer 5 livres d'amende, en 1783. Jean Natalis, dit Corneille, ayant, un dimanche, étendu des pièces de cadis pour les faire sécher, et ayant été surpris portant, lui qui n'avait point de champs, des figues et des raisins plein les poches, fut, en 1775, condamné à huit jours de prison et 50 livres d'amende, dont 25 pour l'église et 25 pour les pauvres. En 1777, Pierrre Buzenac, laboureur de Saint-Nazaire, ayant travaillé pendant quatre heures, le dimanche, à lier et charrier les gerbes, dut payer 2 livres de cire pour l'office divin, 3 livres pour les valets de ville qui avaient amené le délinquant, et enfin 9 livres qui devaient être aumônées par le curé. Les consuls, on le voit, étaient très attentifs au bien des

[1] Arch. comm. de Réalville, Reg. des délibérations, Cahier des doléances du 7 mars 1789.

pauvres. Ce sentiment si louable se retrouve dans tous leurs actes judiciaires. S'agissait-il de pain de qualité inférieure mis en vente, le boulanger, outre l'amende à subir, voyait son pain confisqué et distribué aux indigents. Les débitants et hôteliers achetaient-ils le vin au dehors, quand il en restait à prix égal ou convenable dans le lieu, leur vin était saisi et donné aux pauvres. Le 24 septembre 1772, plusieurs habitants ayant enfreint le ban des vendanges, virent vendanges et ustensiles distribués aux malheureux, et furent condamnés les uns à 20 sols, les autres à 2 et 20 livres d'amende.

Au jour du sacre du roi Louis XVI, en août 1775, eurent lieu de grandes réjouissances, feu de joie, coups de canon, pour lesquels il fut employé 17 livres de poudre; les fifres et tambours reçurent 24 livres, etc.., total 76 livres 10 sols. Noble Jean de Malaret était premier consul.

En 1779, Pierre-Louis Martin de Bellerive obtint du roi la permission de faire bâtir, sur l'Aveyron, un moulin à quatre paires de meules; le prix de mouture était au dix-septième pour ceux qui portaient le grain, au vingtième pour les autres.

Peu après la naissance du Dauphin, qui devait être Louis XVII, l'infortuné prisonnier du Temple, il fut fait, le 1er janvier 1782, de grandes réjouissances : 163 livres furent distribuées aux pauvres, l'hôtel de ville fut décoré d'écussons représentant des dauphins et aussi d'armoiries; tout cet appareil, avec drapeaux, poudre et fusées, coûta 590 livres.

Cette même année il fut fait à l'église quelques réparations indispensables : on remit des chevrons et des arêtiers à la charpente de la nef, on établit une tribune de six toises de long, *deux petits eaux-bénitiers en coquille et marbre de Montricoux, placés à côté des petites portes du tambour...*

Les tailles de 1782 s'élevèrent à 18,683 livres 11 sols 7 deniers, dont 2,090 livres 10 deniers pour les charges locales. Parmi ces dernières, nous relevons : 120 livres pour les livrées consulaires, 100 pour la pension des dames de l'École chrétienne ou Mirepoises, 250 pour le régent, 150 pour le médecin, 100 pour le prédicateur du Carême, 58 liv. 10 pour l'albergue due au roi, 120 pour le secrétaire, 100 pour les valets de ville, etc. Or, il y avait un reliquat de 1346 livres 3 sols 11 deniers, provenant des exercices précédents; de plus, la ferme de la boucherie produisait 12 livres, la ferme des poids et des fossés de la ville 5 livres 10 sols, le tiers de la ferme du port 12 livres. C'est sur ces reliquats ou revenus que la communauté faisait construire un pont de 820 livres au hameau de Conquart.

Depuis plusieurs années, les régents ne faisaient que passer. A la fin de 1782, Claude Boyer, praticien de Caussade, remplaça le clerc tonsuré Raymond; celui-ci avait succédé à un autre qui réclamait, outre ses gages, le payement du loyer de la maison d'école. En 1778, Vincent Cazenave, originaire de Lescar, avait succédé à Honoré Rousseau. Claude Boyer se retira en 1789 et fut remplacé par le vicaire Jean Laporte. Celui-ci s'en étant allé aussi peu après, pour cause de santé, Boyer fut rappelé le 1er janvier 1790, et chargé de faire le catéchisme deux fois par semaine, etc. Le 12 septembre, le régent était Marc-Antoine Chazottes, natif de Solègre, au diocèse de Castres.

A la prière de messire Charles-Sulpice de Gauléjac,

prieur-curé, docteur en Sorbonne, grand-vicaire de Cahors, juge de l'officialité, l'assemblée générale, en 1778, accorda aux religieuses de l'École chrétienne, vu leur extrême pauvreté, une allocation extraordinaire de 100 livres.

Après la révocation de l'édit de Nantes, les religionnaires, mal convertis, consolés à leurs derniers moments par les pasteurs du *désert*, bénéficiaient des honneurs ecclésiastiques, les parents ayant soin de déclarer aux prêtres que la mort avait été *imprévue et inopinée*. Louis XV coupa court à cet abus, en 1736, par sa déclaration du 9 avril; dès lors, les curés refusaient la sépulture ecclésiastique à ceux qui, pendant leur vie, avaient suivi les principes de la R. P. R., et aussitôt, par ordre du juge ou du maire, le cadavre était inhumé, la nuit, sans attroupement autre que celui des porteurs et de deux témoins anciens catholiques[1]. Imbu d'idées plus libérales, Louis XVI, par édit du 27 novembre 1787, rendit aux protestants la liberté du culte et tous les droits civils. C'est pourquoi l'année suivante l'Assemblée générale du 2 mai, présidée par M. de Valada, maire, décida l'achat d'un terrain à 30 toises au nord du bourg, lequel, en vertu de l'article 27, fut affecté à la sépulture des non-catholiques. Bien qu'il n'y eut à Saint-Martin et à Saint-Vincent qu'une famille protestante dans chaque paroisse, les catholiques s'offrirent à leur fournir un cimetière, à condition qu'ils n'auraient pas à contribuer à celui de Réalville[2].

Le prieuré-cure de Réalville était un des bénéfices les

---

[1] Arch. comm. de Réalville, Grosse liasse d'ordonnances de police pour la sépulture des huguenots de 1736 à 1786, non classée.
[2] Arch. comm. de Réalville, Reg. des délibérations consulaires et GG 6.

plus riches de la province. En vertu de la loi de 1790, le prieur accusa un revenu de 10,000 livres qui, charges déduites, s'élevait à 6,906 livres. En raison de cette importance [1], le chancelier de l'Université de Cahors avait essayé d'en prendre possession en 1683. Au mois de mai 1788, l'évêque de Cahors résolut, à cause de l'étendue territoriale et de la population considérable, de distraire Saint-Martin de Réalville, l'église matrice de l'annexe. La communauté fit une vive opposition à ce projet, auquel le prieur prêtait la main; même elle députa à Cahors le maire, Antoine-François de Valada, et messire Gabriel-Thérèse Crosaille de Loubens, écuyer. Le curé de Sainte-Catherine était à la plus petite congrue [2];

---

[1] Arch. de l'hôtel de ville de Montauban et Arch. comm. de Réalville. D'après la déclaration du 31 septembre 1791, le dernier bail n'atteignait que la somme de 8,400 livres; mais M. de Gauléjac évaluait la dîme du blé à 900 quartes, mesure de Caussade, qui, à 10 livres, valaient 9,000 livres, plus 1,000 livres pour paille, vin et menus grains.

Il estimait ainsi les charges :

Frais de récolte..	600 livres	
Imposition de la chambre ecclésiastique	843	— 14 sols.
Vicaire de Réalville	500	—
Id. de Saint-Martin	500	—
Id. secondaire	150	—
Curé de Saint-Vincent	70	—
Prédicateur du Carême	30	—
Entretien de deux presbytères, réparations des églises.	400	—
	2,093 livres 14 sols.	

D'où il pouvait rester, année commune, 6,000 à 7,000 livres pour le curé et les pauvres.

[2] Le monastère de Saint-Marcel ne connut jamais la richesse, encore moins après les guerres de religion. En 1726, le curé Pelet réclamait en vain à M. l'abbé de Michel, qui résidait à Paris, au sujet de sa congrue qui ne s'élevait qu'à 300 livres. Comme il se plaignait de n'avoir pas de presbytère, l'abbé lui conseillait d'aller se loger dans le monastère. (État civil de Réalville, paroisse de Sainte-Catherine.) La communauté de Réalville votait annuellement une indemnité de logement.

Le chapitre de Cayrac n'était pas mieux renté : les revenus du chanoine-

celui de Saint-Vincent déclara, en outre, quelques petits revenus [1].

Le roi ayant convoqué les États généraux, les membres des trois corps de la nation élurent les délégués qui devaient nommer les députés de chaque sénéchaussée. Le prieur, M. de Gauléjac, fut délégué pour le clergé. Le 10 mars 1789, Marie Daliès, épouse de Jean-Jacques de Scorbiac, dame de Réalville, donna en cette qualité une procuration devant Caminel, notaire à Montauban, pour être représentée à l'Assemblée des États du Querci. Le 7 mars, les habitants de Réalville, au nombre de six cents, se réunirent dans l'église, devant Jean Liauzu, lieutenant du roi, juge de la baronnie de Caussade, pour rédiger leur cahier de doléances et pour nommer leurs délégués.

Antoine-François de Valada, maintenu depuis trois ans en la charge du maire, et qui, en vertu de son titre d'écuyer, aurait pu voter avec la noblesse [2], vota avec le Tiers-État et fut délégué avec Pierre Larrieu, notaire, Antoine Régambert, chirurgien, premier consul, et Jean Sénilh, négociant, à l'Assemblée qui se tint à Montauban le 9 mars, et qui élut Poncet-Delpech député du Tiers-État aux États généraux.

Quoique condensées en quinze articles, les réformes que devaient demander les délégués étaient nombreuses

---

chantre ne consistaient qu'en 20 quartes de froment, 5 barriques de vin, 12 livres d'argent, ainsi qu'il résulte d'un arrêt du Parlement de Toulouse du 20 décembre 1671. (Collection de factums, aux mains de M. le chanoine Pottier, président de la Société archéologique de Tarn-et-Garonne, *Factum servant de contredits et salvations*, par Me Ant. de Vieillevigne, p. 25.)

[1] Arch. de l'hôtel de ville de Montauban.

[2] *Hist. des communes du département de Tarn-et-Garonne...* Il y est dit que M. de Valada fut délégué de la noblesse; les registres des délibérations de la commune de Réalville disent le contraire.

et importantes. C'étaient l'extinction des rentes dues aux gens de mainmorte, à un taux qui serait fixé par la loi, la suppression du droit de *committimus*, l'assujettissement de tous les citoyens et de tous les immeubles à l'impôt, la modération de la capitation, l'établissement de codes civil et criminel, la prescription des rentes seigneuriales par cinq ans, la réserve à faire aux pauvres d'une notable partie des revenus des bénéficiers non résidants, la réduction des droits de contrôle et droits réservés, la défense aux collecteurs de l'impôt de pratiquer, avant la dépiquaison, une saisie pour des cotes inférieures à 50 livres, le rétablissement du droit de franc-alleu, supprimé en 1629, et aussi des États du Querci, sur la même base que ceux du Dauphiné, enfin la suppression de la dîme des menus grains établie en 1614.

Quelques autres articles concernaient spécialement la localité; c'étaient l'établissement d'écluses sur l'Aveyron, au lieu de pertuis, la décharge de l'allivrement des terrains où est assise la grande route, l'élargissement de la Lère et enfin le rétablissement de la juridiction royale supprimée en 1774.

LA RÉVOLUTION

LES évènements de cette époque sont trop près de nous pour que nous y insistions ; disons un mot seulement des principaux faits.

Sous l'influence des idées révolutionnaires qui germaient dans les masses, un grand nombre de gens de Réalville, au milieu de décembre 1789, allèrent dévaster la garenne de l'abbaye de Saint-Marcel; une vingtaine de coupables furent emprisonnés. Cette condamnation n'effraya pas les voleurs. Dans la nuit du 1er février suivant, après avoir mis le feu au château de Lastours[1], nombre de brigands s'introduisirent dans l'abbaye; elle aurait été pillée si la municipalité, arborant le drapeau rouge, escortée de la garde nationale, n'était accourue. Du pain, du vin à discrétion, quelques liqueurs et surtout la vue de la force armée, eurent raison de la populace.

---

[1] Communication de M. Rousset, curé de Saint-Martin de Lastours. Le château vit peu après démolir les deux tours qui en défendaient l'entrée et qui justifiaient sa dénomination.

Il n'y avait à Saint-Marcel que trois religieux : dom Jean-Baptiste-Eustache-François Folquin Cressent, prieur claustral, qui se retira à Hesdin, en Artois ; frère Gabriel-Dominique de Lucet, âgé de soixante ans, qui se rendit à Cognac dans sa famille ; dom Joseph Gouinet, qui choisit Châteauroux pour résidence. L'abbaye était vraiment pauvre ; sauf trois fauteuils et un canapé en assez mauvais état, et les vases sacrés en argent [1], il n'y avait que des lits, des chaises paillées, du linge usé, un mobilier peu bourgeois. L'hospitalité y était néanmoins en honneur. L'argenterie, s'il y en avait eu, avait disparu ; la faïence fut vendue à Réalville pour 62 livres, le 15 mai 1791, et il y eut pour 9 livres de frais ; partie du mobilier fut porté au district le 4 mai ; le rétable de la chapelle Sainte-Catherine, qui ne valut pas les frais de port, fut donné à l'église Saint-Martin [2].

Le château de Lastours, un des plus beaux du pays, et qui appartenait à M. de Cazalès, député royaliste bien connu, fut aussi attaqué ; les brigands s'emparèrent de tout ce qu'ils y trouvèrent et finirent par y mettre le feu. La garde nationale de Réalville, dirigée par la lueur des flammes, ayant à sa tête le maire M. de Valada, qui avait proclamé la loi martiale, accourut ; les brigands se dispersèrent aussitôt ; cependant cinq d'entre eux furent arrêtés. Quand la maréchaussée emmena les prisonniers le lendemain 1er février, elle fut arrêtée sur la grande route par la foule hostile, même quelques coups de fusil

---

[1]. En 1709, le monastère n'avait pas même de rayon d'ostensoir et l'empruntait à la paroisse pour la procession de la Fête-Dieu. (Arch. de la commune de Réalville, État civil de la paroisse Sainte-Catherine.)

[2] L'église Saint-Martin a été voûtée récemment, après la réfection du clocher et du sanctuaire ; l'église Sainte-Catherine a été démolie avec le monastère ; son emplacement est, le long de la route, dans la cour de la villa Saint-Marcel.

furent tirés contre elle. L'attitude ferme des cinq cavaliers, qui se retournèrent pistolets au poing, imposa à la foule. Cependant, à l'entrée du pont d'Albias, les cavaliers subirent une nouvelle attaque; lançant alors leurs chevaux à toute bride, ils parvinrent à garder leurs prisonniers, malgré une grêle de pierres qui les assaillit. A la suite de l'incendie, les deux grosses tours du château furent démolies, et le manoir perdit ces deux ornements qui justifiaient son nom.

M. de Prévôt, seigneur de Labastide-Saint-Vincent, avait, à la même époque, évité une première attaque, en distribuant avec abondance de l'argent, du pain et du vin; attirés par l'aubaine, les brigands revinrent trois cents le lendemain et brisèrent les portes à coups de hache. M. de Labastide put à grand'peine échapper par la fenêtre, mais les brigands le rouèrent de coups de bâton; le château fut dévasté, sans égard pour les services que le seigneur avait rendus à ses vassaux [1].

Il se produisit encore divers troubles qui, le 19 juin 1790, nécessitèrent l'envoi à Réalville d'un détachement de cavalerie. Le 31 juillet, une panique subite mit toutes les communes en émoi: à Réalville, on apprit avec stupeur qu'une armée de quatre mille brigands assiégeait Libos; informations prises à Lauzerte, Libos n'était pas assiégé, mais les brigands avaient brûlé le château de

---

[1] *Hist. des brigandages commis dans le Limousin, le Périgord..., à la fin de l'année 1789 et au commencement de 1790,* par M. l'abbé [Jean-Ant.-Exupère de Pause] de Mondésir, docteur de Sorbonne, vicaire général de Besançon. (Collection Forestié.) Le même auteur nous apprend que l'abbaye de Lagarde-Dieu, dont un incendie vient de détruire les restes échappés à la Terreur, ne dut d'échapper au pillage qu'à l'intervention de la garde nationale de Mirabel. Le château de Cantemerle, qui appartenait à M. de Blandinières, fut pillé, les papiers brûlés, et les dames, fuyant l'incendie, s'échappèrent deminues.

Fumel et avaient ensuite été écrasés près de Montpazier. on ne connaît pas encore la cause de cette alarme, qui émut la France entière.

Il y eut encore à Réalville, aux premiers jours d'avril 1792, un attroupement séditieux qui réclama avec menaces la réduction de la taxe du pain.

L'assemblée nationale avait décrété, le 27 novembre 1789, une constitution civile du clergé que tout ecclésiastique serait obligé d'accepter par serment. Le prieur, M. de Gauléjac, qui, dans un moment d'oubli, avait prêté ce serment schismatique [1], le retira et dut s'expatrier [2], après avoir passé quelque temps à Marminiac dans sa famille. Son vicaire Jean Laporte; Pons Moutet, vicaire de Saint-Martin; Augustin Malirat, âgé de 60 ans, natif de Caylus, curé de Saint-Vincent; Dominique Espanel, âgé de 71 ans, né à Réalville, curé de Sainte-Catherine [3]; Jean Viala, vicaire de Campredon, natif de Réalville, âgé de 34 ans; Moulinet-Lavaur, curé de Saint-Jacques à Montauban, âgé de 72 ans, né au hameau de Granès; enfin Antoine Pélissié, curé de Carbes, âgé de 37 ans, natif de Réalville, refusèrent également le serment constitutionnel [4] et prirent aussi le chemin de l'exil en septembre 1792; le dernier y mourut; les biens furent

---

[1] Arch. comm. de Réalville, Procès-verbal.

[2] *Idem*, Reg. des correspondances, lettre 116. Au retour de l'Espagne, Ch.-S. de Gauléjac fut fait chanoine et vicaire-général de Carcassonne; il mourut à Marminiac, le 6 février 1822, âgé de 73 ans. (Communication de M. F. de Gauléjac.)

[3] Il semble résulter d'une lettre du directoire du district, à la date du 4 juin 1791, que M. Espanel, regrettant sa première délibération, aurait voulu prêter serment; la lettre fait remarquer que cette démarche n'était pas recevable, attendu qu'elle était faite deux mois après la réunion du corps électoral ecclésiastique.

[4] De Curton, curé de Saint-Nazaire, habitait Mirabel; nous croyons que lui aussi refusa le serment constitutionnel.

vendus nationalement avec ceux des obits et fondations ; seul, Jean Demeaux, vicaire de Saint-Vincent, se soumit à la loi, dans l'église du lieu, le 27 février 1791, à l'issue de la messe paroissiale. Le 14 juillet suivant, il célébra la messe au Champs-de-Mars, c'est-à-dire sur la promenade de Réalville, au milieu du bataillon carré de la garde nationale du canton, drapeaux face à l'autel, tambours et fifres sonnant ; Malaret, maire, y prononça, par l'organe de Régambert, officier municipal, un discours *analogue aux circonstances*. A la suite de Valada, colonel de la garde nationale, les assistants jurèrent, la main levée à l'autel, de s'aimer, d'être fidèles à la nation, à la loi et au roi, et le *Te Deum* fut chanté.

M. de Gauléjac avait offert, pour sa part de la contribution patriotique, la somme de 300 livres, en faisant remarquer qu'elle excédait ses moyens ; aussi stipula-t-il que, si la nation remboursait un jour cette somme, elle devait être employée par son successeur à marier deux pauvres filles honnêtes de Réalville ou de Saint-Martin. M. de Valada offrit aussi 300 livres, Jacques Lhospital 900, et M. de Cazalès, sieur de Lastours, 2,000, etc.

Pour remplacer les curés qui avaient refusé le serment constitutionnel, les électeurs du district de Montauban, parmi lesquels Cassayre, Pélissié et Soulié fils' représentant le canton de Réalville, se réunirent à Montauban dans l'église Saint-Jacques, en vertu de la loi du 30 janvier 1791 ; et là, protestants aussi bien que catholiques, élurent, le 15 mars, à la cure de Réalville, Antoine Féral, ci-devant vicaire à Réalville et actuellement à Cayriech [1].

---

[1] Arch. de la Société archéologique de Tarn-et-Garonne, *Procès-verbal de l'assemblée électorale du district de Montauban*. (Imprimé de 15 pages, Fontanel, imprimeur à Montauban.)

Connaissant l'esprit de la population, peu favorable aux assermentés, Féral, élu en même temps à la cure de Flaunhac, hésita un moment et n'osa pas accepter. Les électeurs lui substituèrent Jean-Louis Cayla, vicaire de Saint-Barthélemy, à Cahors ; celui-ci, originaire de Nègrepelisse, crut que les esprits avaient changé ; après avoir refusé d'abord, il accepta enfin le 15 mai 1792 : il ne devait pas faire long séjour. Il n'osa prendre possession de son poste, le jour de l'Ascension, 20 mai 1792, que sous escorte de 12 dragons et accompagné de Satur, vice-président du district. Le dimanche suivant, le carillonneur lui renvoyait les clefs, au moment de sonner la messe, et, en septembre suivant, le maire faisait la sourde oreille à sa demande de réparations du presbytère, ouvert à tous les vents. Son nouveau carrillonneur, Antoine Moysset, était réduit à la misère parce que les offices de l'intrus étaient désertés. Lui-même, fatigué de lutter, démissionnait le 13 février 1793. Féral, sondé de nouveau, refusait, malgré les instances de J. Danglars, évêque du Lot, une fois de plus la cure, le 17, à cause des divisions religieuses qu'il connaissait bien ; Alaignon, curé de Bioule, hésitait, malgré les offres de l'évêque intrus, le 5 ou 6 juin.

Les opinions bien connues du maire Crosailles-Loubens, noble, fils de capitoul, jeune, riche, n'étaient pas étrangères au peu de sympathie que ressentaient les prêtres assermentés. Aussi, le 11 avril 1793, par ordre du représentant du peuple Taillefer, il était mis en réclusion au couvent des Carmélites de Montauban. Le 15, ses chevaux et ceux de Martin-Bellerive et Granès étaient réquisitionnés par le district. Relaché pour cause de santé le 5 brumaire an III, reclus de nouveau par ordre du représentant Paganel, son argenterie avait été portée au district le 8 thermidor an II, avec celle de Larrieu ; elle pesa 26 marcs ; celle des églises produisit 29 marcs, le 5 frimaire an II.

Après lui, la bête noire des révolutionnaires du district était Jeanne Mercadier, dite Lapradelle, épouse Garrigues, domicilié à Falgas (Lot), âgée de 45 ans. Elle aussi eut les honneurs de la détention aux Carmélites, à cause de son *fanatisme outré..., begueule égarée par quelques prêtres fanatiques.*

L'ancien notaire, Pierre Larrieu, fut aussi reclus à Montauban ; quant à Hugues Moulinet, il fut reclus[1] dans sa maison de Granès[2]. Pierre-Louis Martin-Bellerive, juge de paix, se vit refuser le certificat de civisme, ainsi qu'Antoine Moulinet ; le premier allait devenir, en l'an IV, président de l'administration cantonale.

Le 5 ou 6 juin 1791, Noël Bastard, ci-devant gardien des Récollets de Caussade, avait pris possession de l'église Sainte-Catherine, non sans demander s'il n'y aurait pas de risques à courir de la part de la population. Cette dernière ne lui témoigna guère de sympathie ; aussi, le 15 septembre suivant, il donnait sa démission, laissant la place au curé légitime qu'il *estimait profondément ;* le mobilier fut remis à l'église de Réalville ; l'église fut fermée.

---

[1] Divers propriétaires, qui avaient des biens à Réalville, furent aussi détenus à Montauban. Voici leurs noms : Gerlié cadet, fabricant de draps; Jean Poujol, notaire et avoué; Louis Poujade, notaire; Jean-Savy Labat, greffier du juge de paix; Maffre Calmettes, tous de Caussade; les deux derniers furent détenus au tribunal révolutionnaire; Dominique Delbreil, ci-devant conseiller à la Cour des Aides, fut détenu chez lui à Montauban.

[2] Le château de Granès a été naguère somptueusement rebâti par M. Chalret du Rieu.

Jean Demaux occupa constitutionnellement la cure de Saint-Vincent le 1er mai 1791 ; à la Terreur, le 7 ventôse an II, il apostasia misérablement, en présence des officiers municipaux et de ses paroissiens ; le 18, l'église fut fermée et le mobilier fut mis sous les scellés.

De par la nouvelle organisation administrative, Réalville était devenu chef-lieu de canton, et comprenait seulement la commune de Cayrac. Sa population était de 3,600 âmes, y compris les paroisses de Saint-Nazaire, Saint-Martin et Saint-Vincent, qui révolutionnairement allaient devenir les sections Nazaire, Martin et Vincent.

Le Réalvillois Jean Senilh fut, pendant plusieurs années, membre du directoire du district, et il tenait la commune au courant des principaux évènements.

En 1791, la commune avait donné aux Dames Mirepoises, en témoignage des services rendus par leur école, un secours de 300 livres, attendu que leurs biens étaient sous le séquestre ; ces biens furent vendus avec le mobilier scolaire et avec celui de leur petite chapelle, le 19 septembre 1792 ; ils produisirent la modique somme de 208 livres 6 sols. Mais les religieuses Marie Mattet, supérieure, et sœur Fleurette Jambon durent bientôt disparaître à leur tour, comme avaient déjà fait leurs compagnes, Charlotte Laborie, de Figeac, et Agnès Pons, de Reilhac, et la maison allait être vendue comme bien national quand la commune, espérant la sauver et la garder pour des jours meilleurs, la réclama ; le 1er messidor an IV (19 juin 1796), l'administration du département la céda pour l'école de l'instituteur Alhaud[1] ;

---

[1] Tigée, Montalbanais, avait été agréé comme régent le 9 novembre 1792 ; Valada remplissait les fonctions d'instituteur lors de la réorganisation de l'enseignement en l'an III.

LA RÉVOLUTION. 103

la Société populaire y avait tenu ses séances. Pendant ce temps, le presbytère dévasté servait d'auditoire pour le juge de paix, d'école et de logement à l'institutrice Jeanne Salvetat. Celle-ci, âgée de 60 ans, était une ancienne religieuse ursuline, que la municipalité exemptait de l'impôt, à cause de la modicité de sa pension. Les gages de l'instituteur et de l'institutrice étaient fixés à 500 et 300 francs par mois; il est vrai que la somme était payable en assignats, ce qui ne représentait guère que 5 et 3 francs. La maison et la chapelle des Mirepoises furent un peu plus tard vendues comme biens nationaux[1]. Sur ces entrefaites, l'abbaye de Saint-Marcel devenait la propriété sacrilège du *général* Santerre[2], et les biens de Cazalès passaient aux mains de Nanteuil, directeur général des Messageries Nationales à Paris[3].

On a créé autour des soldats de la Révolution une auréole de gloire que les uns ont largement méritée, dont les autres n'étaient pas dignes. Aux volontaires de 1792, petits ouvriers, valets, bouviers, en quête d'aventures, et aux autres soldats, souvent désignés d'office les années suivantes, nous n'appliquerons pas le mot irrespectueux de Voltaire, disant que c'étaient des automates tirant devant eux pour dix sous; mais il est sûr que les gratifications en argent et les secours en nature

---

[1] F. MOULENQ, *Doc. hist.*, II, art. RÉALVILLE. Nous croyons qu'il y a confusion entre la vente du mobilier déjà mentionnée et celle de la maison; celle-ci n'était assurément pas encore vendue le 21 floréal an IV.

[2] M. de Valada, maire actuel de Réalville, acheta à la fille du *général*, que le roulement de tambours du 21 janvier 1793 a rendu, horriblement célèbre, l'abbaye, devenue la villa Saint-Marcel. A l'ouest des bâtiments, aujourd'hui transformés, se trouvait le cloître voûté en brique, appuyé à l'église Sainte-Catherine; au nord de l'église était le cimetière paroissial, en bordure sur la route nouvelle.

[3] Arch. comm. de Réalville. Document du 20 ventôse an III.

donnés à leurs familles pauvres, stipulés au jour de l'engagement, ôtaient à cet acte une bonne partie de sa spontanéité; à nos yeux, il y a là une légende qui doit disparaître.

Du reste, jamais à aucune époque il n'y eut autant de déserteurs : le 20 prairial an IV (8 juin 1796), le canton de Réalville en comptait 88, parmi lesquels 5 n'avaient jamais rejoint leur régiment; cachés auprès de parents ou d'amis, ils s'enfuyaient dès que la garde nationale de Montauban ou la colonne mobile étaient annoncées, et ils restaient errants et fugitifs, sauf à rentrer chez eux après le passage des gardes nationaux; nous ne hasarderons rien en disant que la municipalité était plus ou moins complice.

Du club, du culte de la déesse Raison qui profana l'église, nous ne parlerons pas; ici, comme ailleurs, les intéressés ont fait disparaître les preuves. Nous savons seulement qu'à la fête célébrée en réjouissance de la reprise de Toulon (19 décembre 1793), l'orateur *abdiqua la superstition*, exalta la religion de Confucius, les vertus de Socrate et de Platon, aux dépens des croyances catholiques et protestantes [1].

Les diverses fêtes inventées pour remplacer les solennités de l'Église, savoir : celles de la Liberté, de l'Agriculture, de la Reconnaissance, des Vieillards, de la Jeunesse, etc., se pratiquaient avec le cérémonial suivant : la municipalité partait de la maison commune et se rendait en rang autour de l'arbre de la Liberté, *radiqué* sur la place de la Liberté (place des Couverts), accompagnée de la garde nationale formée en carré,

---

[1] Imprimé, collection Forestié, imprimeur à Montauban.

précédée d'un fifre et d'un tambour; on chantait des hymnes patriotiques et l'on veillait qu'aucun fonctionnaire n'y manquât; le 1er pluviose an VII (20 janvier 1799), tous les employés étaient présents, même l'instituteur Mommèjà et l'institutrice Jeanne Salvetat, et signaient au procès-verbal. Après un discours *analogue à la circonstance*, mais plein de cette phraséologie fade qui était le propre de l'époque, l'on jurait *haine à la Royauté*, l'on criait *vive la République à jamais*, et tous les habitants étaient tenus d'illuminer.

Les mauvaises récoltes des années 1793 et 1794 amenèrent une grande gêne et même la misère : le 3 novembre (13 brumaire an II) le district dut faire des avances à la commune en mauvais grains; la somme due de ce chef s'élevait à 1,480 francs, non compris 580 francs de blé ou de farine fournis par le minotier Jacques Lhospital aîné.

Néanmoins, la commune dut venir au secours d'autres plus malheureuses encore; les représentants du peuple Bo et Paganel fixèrent son contingent à 250 quintaux de grains, que l'on dut porter à Cahors le 1er ventôse an II (19 février 1792); cela n'empêcha pas que les commissaires de Caussade vinrent, quelques jours après, réclamer 100 quintaux de blé pour les nombreuses troupes de passage. Le 19 janvier suivant la municipalité de Bruniquel demanda que l'on vînt à son secours, et il lui fut octroyé 60 quintaux de grains.

En 1793, la municipalité avait payé 930 livres pour la fourniture de 150 piques, et elle avait acheté 8 fusils pour armer le 4me bataillon du Lot; ce fut ensuite l'équipement d'un cavalier jacobin qui revenait à 809 livres; puis encore une voiture roulière, payée de concert avec les cantons de Montpezat et de Caussade. Nous ne comptons pas les uniformes complets, les draps de lit, le cuivre, l'étain, le fer, apportés au district, ainsi que 8 cloches enlevées aux églises du canton et qui pesaient 15 quintaux. Tous ces objets réquisitionnés étaient ironiquement appelés dons volontaires. Nous ne parlons pas des votes et scrutins sans cesse renouvelés, assemblées primaires, rapports, écrits continuels, visites domiciliaires, demandes ou refus de passeports ou de certificats de civisme, arrestation de suspects; ce sont là les moindres griefs de ce régime terrible qui pesa sur la France et qui fut justement appelé la Terreur.

Après la Terreur, il y eut une détente; les prisons se vidèrent; les reclus furent rendus à la liberté; Martin Bellerive devint président de l'administration cantonale de l'an IV. Le 21 frimaire an V (11 décembre 1796), Antoine Moulinet-Granès obtint sa radiation de la liste des émigrés, attendu qu'il n'avait pas cessé d'habiter Montauban et Toulouse.

Les populations, restées profondément chrétiennes malgré les saturnales de la Terreur, ne voulaient pas vivre et mourir sans religion; aussi, dès que luirent des temps meilleurs, réclamèrent-elles les églises pour y faire exercer le culte divin, même par des prêtres assermentés à défaut de curés légitimes; ceux-ci n'étaient pas encore revenus de l'exil. Ce fut le cas pour Cayrac, le 30 frimaire an IV (21 décembre 1795). Aussi les églises, après avoir servi le matin pour l'accomplissement des saints mystères, se voyaient-elles le soir transformées en club par les montagnards, qui y expliquaient les lois dans l'idiome du pays, y réclamaient la célébration stricte du décadi au lieu du dimanche, et y tonnaient au besoin contre la superstition. Nous ignorons les noms des prêtres qui desservirent les autres églises du canton rouvertes dès les 13, 14 et 15 germinal an IV (2, 3, 4 avril 1796).

Le 14 prairial an V (2 juin 1797), Jean Louvrier, natif de Laguiole, âgé de 49 ans, non émigré, fit sa déclaration pour exercer le culte catholique dans la section Vincent. Le 21 février 1797, Jean-Pierre Aboulenc, âgé de 73 ans, fit la même déclaration pour Cayrac, et le ministre Armand Gardes, le 1er nivôse an V (21 décembre 1796). Louis Martin-Bellerive, assermenté, ancien grand-carme, âgé de 73 ans, exerçait publiquement le culte à Cayrac, après l'avoir exercé à Albias, et la municipalité de Réalville lui rendait cette justice qu'il n'exerçait aucune influence politique dans le canton.

Le 14 vendémiaire an V (5 octobre 1796), cinquante gardes nationaux allèrent rejoindre la troupe du général Pierre, à son quartier-général d'Albias, afin de soumettre la ville de Montauban révoltée.

Le 1er ventôse an VI (19 février 1798), le porteur des dépêches faisait, tous les deux jours, le voyage de Caussade, et touchait des gages s'élevant à 150 francs; le traitement du juge de paix s'élevait à 600 livres; celui du greffier à 200.

Après le Concordat, l'ancien vicaire Jean Laporte fut nommé curé de Réalville; il devint curé de la Cathédrale de Montauban le 14 août 1809.

Dès 1802, Réalville perdit son titre de chef-lieu de canton, et la commune fut, avec celle de Cayrac, annexée au canton de Caussade.

Le 22 mars 1829, une ordonnance de Charles X érigea la succursale de Réalville en cure de seconde classe.

En 1854, la section de Saint-Vincent-d'Antéjac a été érigée en commune.

A Hauterive est mort, le 19 novembre 1888, M. l'abbé Marcellin, qui eut son heure de célébrité : prédicateur à la Cour de Louis-Philippe, auteur, en collaboration avec G. Ruck, de la nouvelle édition de l'*Histoire de Montauban* par Henry Le Bret[1].

---

[1] Nous nous apercevons un peu tard qu'à la page 9 nous avons fait confusion entre l'abbaye Saint-Marcel et un village du même nom, Saint-Marcel sur le Cérou. C'est ce dernier qui, en 1211, fut pris par le comte de Montfort, et non l'abbaye, où il n'y eut jamais d'agglomération fortifiée.

APPENDICE

APPENDICE

LE MOUVEMENT DE LA POPULATION

Il est, pour l'économiste de nos jours, une question vraiment palpitante, c'est celle de la dépopulation; le patriote ne peut que s'en préoccuper, le prêtre ne saurait rester en arrière, mais l'historien, en fouillant dans le passé, peut fournir à tous des données précieuses et des termes de comparaison.

C'est ce que nous faisons ici, au moyen des registres qui forment l'état civil de la commune de Réalville et à l'aide des registres paroissiaux; de très longs et patients calculs, obtenus au moyen d'un dépouillement minutieux, nous ont permis de dresser des tableaux synoptiques;

ils font voir comment des populations riches et chrétiennes, qui se multipliaient comme des Prussiens, ont depuis près d'un demi-siècle si bien pratiqué les théories malthusiennes, qu'elles nous ont fait perdre plus d'existences que plusieurs campagnes contre la Prusse.

Voici d'abord, par périodes décennales, le mouvement de la population pendant deux siècles :

ANNÉES	NAISSANCES	DÉCÈS	DIFFÉRENCE en		MARIAGES	MOYENNE des naissances	ENFANTS par mariage	OBSERVATIONS
			excédent	baisse				
1668 à 1677	348	189	159	»	76	34 8	4 57	
1678 à 1687	355	255	100	»	75	35 5	4 73	
1688 à 1697	371	260	111	»	92	37 1	4 03	L'année 1700 manque.
1698 à 1708	466	107	359	»	86	46 6	5 40	
1709 à 1718	233	105	128	»	88	23 3	2 64	
1719 à 1728	354	82	272	»	88	35 4	4 02	
1729 à 1738	350	108	242	»	68	35 »	5 12	
1739 à 1748	264	196	68	»	57	26 4	4 63	
1749 à 1758	336	247	64	»	89	33 6	5 25	
1759 à 1768	326	258	68	»	59	32 6	5 52	
1769 à 1778	291	296	»	5	66	29 1	4 40	
1779 à 1788	314	284	60	»	73	31 4	4 30	
	4.008	2.387	1.601	5	917	40 08	4 37	

Ce tableau nous fait constater que, dans les 200 ans, la population augmenta de 1,601 — 5, c'est-à-dire de 1,596 âmes, doublant ainsi dans cette période. On pourrait même dire qu'elle fit plus que doubler, car nous ne tenons pas compte ici des chiffres fournis par l'état civil protestant. Convertis de force à la révocation de l'édit de Nantes, les réformés n'augmentèrent pas sensiblement les chiffres des baptêmes, sépultures et mariages catholiques; les plaintes des intendants sur le peu de sincérité des conversions, les nombreux baptêmes faits *au désert*, et, à partir de 1736, les nombreux décès protestants où le prêtre n'était avisé qu'après le dernier soupir [1], en témoignent visiblement.

La moyenne des naissances fut donc de 40,08 par an ; la moyenne des enfants par baptême 4,37.

De 1789 à 1792, un mouvement de baisse se dessina sensiblement. L'on compta, pendant cette courte période, 115 naissances, 200 décès, 21 mariages ; la moyenne des naissances ne fut plus que de 28,75 ; le nombre des enfants par mariage s'éleva à la moyenne de 5,47, grâce au chiffre réduit des unions conclues pendant ces quatre années.

Le défaut des registres paroissiaux nous a obligé à nous servir, pour la période révolutionnaire, des registres de l'état civil communal ; il comprend plusieurs paroisses qui ont été distinctes de la paroisse, non de la commune de Réalville, avant et après cette date. Malgré les temps malheureux que l'on traversait, la population s'accrut sensiblement, ainsi que le montre le tableau ci-dessous :

ANNÉES	NAISSANCES	DÉCÈS	DIFFÉRENCE en		MARIAGES	MOYENNE des naissances	ENFANTS par mariage
			excédent	baisse			
1793 à 1802.......	955	737	218	»	253	95 5	3 77

[1] On peut voir aux Arch. comm. de Réalville une grosse liasse de feuilles, d'après lesquelles, en vertu de l'édit du 9 avril 1736, les huguenots morts soi-disant sans avoir le temps d'appeler le curé, mais consolés par les pasteurs du *désert*, étaient d'office enterrés à la brune, sans attroupement, par quatre parents et deux témoins anciens catholiques, le curé refusant la sépulture ecclésiastique à ceux qui avaient suivi toute leur vie les principes de la R. P. R.

Le tableau ci-après, dressé d'après les registres paroissiaux, nous offre les périodes décennales du siècle qui va finir; un coup d'œil jeté dessus suffit pour faire voir qu'après une légère augmentation au début, la population est décidément en baisse; jamais les mariages ne furent aussi nombreux et la natalité plus faible : 2,92, c'est-à-dire pas trois enfants par mariage. La diminution se marque par les deux chiffres 2,431 — 2,390 = une perte de 204 âmes, c'est-à-dire qu'avant deux siècles le nom de Réalville devra être rayé de la carte, s'il ne se produit bientôt une réaction.

ANNÉES	NAISSANCES	DÉCÈS	DIFFÉRENCE en		MARIAGES	MOYENNE des naissances	ENFANTS par mariage
			excédent	baisse			
1803 à 1812	360	278	82	»	84	36 6	4 28
1813 à 1822	312	288	24	»	106	31 2	2 88
1823 à 1832	291	269	22	»	94	29 1	3 09
1833 à 1842	288	298	»	10	116	28 8	2 48
1843 à 1852	298	263	35	»	86	29 8	3 46
1853 à 1862	200	266	»	66	80	20	2 50
1863 à 1872	206	235	»	29	90	20 6	2 28
1873 à 1882	198	228	»	30	64	19 8	3 04
1883 à 1892	180	196	»	16	61	18	2 95
1893 à 1896	57	110	»	53	28	14 25	2 03
	2.390	2.431	163	204	809	23 90	2 92

Nous avons dressé la généalogie de 11 familles les plus riches; ce choix nous a été dicté par ce motif que les plus riches étaient les plus prolifiques.

Or, en ne descendant pas au-dessous de :

6 enfants par mariage, de 1670 à 1769, 18 mariages observés ont produit 142 enfants, moyenne 7,80 par mariage;

LE MOUVEMENT DE LA POPULATION. 115

5 enfants par mariage, de 1670 à 1769, 28 mariages observés ont produit 192 enfants, moyenne 6,85 par mariage ;

4 enfants par mariage, de 1670 à 1769, 35 mariages observés ont produit 220 enfants, moyenne 6,28 par mariage.

6 enfants par mariage, de 1770 à 1869, 13 mariages observés ont produit 90 enfants, moyenne 6,90 par mariage ;

5 enfants par mariage, de 1770 à 1869, 21 mariages observés ont produit 130 enfants, moyenne 6,01 par mariage ;

4 enfants par mariage, de 1770 à 1869, 32 mariages observés ont produit 176 enfants, moyenne 5,43 par mariage.

Ces généalogies nous ont montré un mariage de 13 enfants, 2 de 11, 1 de 9, 1 de 8, dans l'intervalle de 1670 à 1769. Dans l'intervalle de 1770 à 1869, nous avons trouvé un mariage de 11 enfants, 3 de 7 ; nous n'avons pas compté au-dessous de ce chiffre.

Les mariages protestants nous ont paru peu féconds ; il est vrai de dire que nos recherches ont porté sur un espace trop limité : de 1671 à 1684, un seul a 5 enfants, 2 en ont 4 ; au 30 mai 1685, l'état civil fut enlevé aux huguenots ; ce fut un des signes précurseurs de la révocation de l'édit de Nantes. Or, dans l'intervalle de 1671 à 1684, seules années où nous ayons pu comparer les chiffres des adhérents des deux cultes respectifs, nous avons trouvé que la moyenne annuelle des naissances protestantes fut de 25,84 [1] ; celle des catholiques,

---

[1] Les registres de l'état civil protestant, fort bien tenus du reste, mentionnent des baptêmes d'Albias, Nègrepelisse, Bioule ; ces trois villages faisaient peut-

36,76 [1]. Les deux confessions réunies donnaient le chiffre de 62,61 naissances ; or aujourd'hui la paroisse de Réalville, qui comprend les communes de Réalville et Cayrac, n'a que 15 ou 16 baptêmes.

A la révocation de l'édit de Nantes, les catholiques étaient un tiers plus nombreux que les huguenots ; aujourd'hui, ou mieux en 1891, on compte à Réalville 732 catholiques, 106 protestants ; à Cayrac, 167 catholiques, 105 protestants.

Nous ne voulons pas être *temporis acti laudator* quand même, mais nous devons conclure que les populations d'il y a deux siècles étaient plus morales que les nôtres.

être partie du consistoire de Réalville. Il va sans dire que ceux-là ne sont pas compris dans les chiffres ci-dessus.

[1] La paroisse de Réalville comprenait alors l'annexe de Saint-Martin de Lastours, aujourd'hui succursale ; par contre, elle ne comprenait point Cayrac, qui en relève maintenant et dont l'importance, il faut le reconnaître, est sensiblement inférieure comme population à celle de Saint-Martin ; cette dernière paroisse compte 300 âmes.

RAPPORT

Des anciennes mesures de Réalville, Cayrac et Auty au système décimal, d'après le *Système légal des poids et mesures comparé aux anciennes mesures du département de Tarn-et-Garonne*, par M. Gabriel Ruck, 1838. — Crosilhes, a Montauban.

I. — *Mesures pour les surfaces.*

La carterée de 1,520 cannes carrées =
4 pugnères.....................	= 51^{ares}	5034
1 pugnère = 4 boisseaux...........	= 12	8759
1 boisseau = 16 onces.............	= 3	2190
1 once.........................	= »	2012

II. — *Mesures de longueur.*

Les mêmes qu'à Caussade et à Montauban :
La canne = 8 pans................	= 1^m·	8407
Pan de 8 pouces 6 lignes = 2 demi-pans....	= »	2301
Demi-pan = 2 quarts.............	= »	1·150
Le quart = 2 huitièmes............	= »	0575

III. — *Mesures pour le bois de chauffage.*

Les mêmes qu'à Caussade et à Montauban :
La canne de 8 pans × 8 de haut.
La bûche de 5 pans 1/4 = 4 stères 0932.

IV. — *Mesures pour les grains.*

Les mêmes qu'à Caussade et à Montauban :
Le sac = 4 razes............................ =	1^{hl.} 1211
1 raze = 8 coups............................ = »	2803
1 coup .... = »	0350
Demi-coup................................... = »	0175

V. — *Mesures pour les liquides.*

La barrique de Montauban = 30 veltes.... =	2^{hl.} 3000
La velte = 4 quarts......................... = »	0767
Le quart = 4 pouchons..................... = »	0192
Le pouchon.................................. = »	0048

VI. — *Mesure pour l'huile.*

Celle de Montauban, adoptée seulement en 1724 :
La livre = 0$^{k.}$463.

COUTUMES DE RÉALVILLE[1]

Philippus, Dei gracia Francorum rex, notum facimus universis tam presentibus quam futuris, quod ex parte hominum territorii de Almonte et locorum circumvicinorum nobis significatum [est] quod nobis et hominibus dicti loci et toti patrie expediebat quod nos in loco qui dicitur Gardomon quandam novam fieri faceremus bastidam, nosque ad eorum instanciam mandassemus senescallo Petragoricensi ut ipse veritatem inquireret, vocatis qui deberent vocari, utrum dicta bastida foret nobis et dictis hominibus et dicte patrie expediens, et quod commodum vel incommodum,

Philippe, par la grâce de Dieu, roi de France, à tous présents et à venir savoir faisons que les hommes du territoire d'Almont et des lieux circonvoisins nous ont fait exposer qu'il nous serait utile à nous, et aux hommes dudit lieu et à tout le pays, de faire construire une nouvelle bastide dans le lieu appelé Gardemont, que à leur demande nous avons ordonné au sénéchal de Périgord de s'enquérir auprès de ceux qui doivent être consultés, si ladite bastide nous serait utile ainsi qu'à ces hommes et au pays, quels avantages ou quels inconvénients nous ou

---

[1] Les mots ou membres de phrases qu'on rencontrera mis entre deux crochets indiquent les additions faites à la charte de Montcabrier; quelques changements de moindre importance sont aussi indiqués en note. (Voir notre avis au début de la Monographie.)

si ipsa fieret, nos et quilibet alius haberemus, et inquestam quam super hoc faceret sub sigillo suo clausam quam cicius posset nobis remitteret, dictus senescallus, servata forma mandati predicti, inquestam super hoc factam per ipsum ad curiam remisit et ipsa inquesta visa cum ..... [1] non fuisset inventum quod aliquis se in hoc opposuisse ..... [2] aliquid racionabile quare dicta bastida fieri non deberet, per curias nostras judiciarias dictum fuit quod nobis, dictis hominibus et toti patrie expedit quod dictam bastidam in predicto loco de Gardomon fieri faceceremus et juxta formam arresti curie nostre predicte ipsam bastidam in dicto loco construi et edificari mandaremus, nos eidem bastide et suis habitatoribus et incolis privilegia, libertates, consuetudines et statuta infrascripta concedimus tenenda et servanda perpetuo ibidem, videlicet :

1. Quod habitatores dicte bastide et imposterum habitantes undequaque venerint possint vendere, dare, alienare et portare seu ad manum suam retinere omnia bona sua mobilia et immobilia cui voluerint, excepto quod immobilia non possint alienari ecclesie, religiosis personis et militibus, nisi salvo

tout autre pourrions en retirer, avec ordre de nous envoyer au plus tôt close et scellée de son sceau l'enquête qu'il ferait à ce sujet. Le sénéchal accomplissant soigneusement nos ordres, a envoyé à notre cour l'enquête à laquelle il s'est livré, et vu que ladite enquête ne mentionne l'opposition raisonnable de qui que ce soit à la construction de ladite bastide, notre cour de justice a déclaré qu'il est expédient à nous, à ces hommes et à tout le pays de faire édifier et construire ladite bastide dans ledit lieu de Gardemont, selon la teneur de l'arrêt. C'est pourquoi nous concédons aux habitants de cette bastide pour y être gardés et observés à jamais les privilèges, libertés, coutumes et statuts qui s'ensuivent :

1. Les habitants de la bastide, présents et à venir d'où qu'ils viennent, pourront à leur gré, retenir pour eux on vendre, donner, aliéner, transférer à qui il leur plaira tous leurs biens meubles et immeubles, sauf qu'ils ne pourront aliéner les immeubles à églises, religieux ou chevaliers qu'en sau-

---

[1] On lit distinctement *precum* qui n'a pas de sens.
[2] Le transcripteur a écrit *proventes* qui ne signifie rien.

jure dominorum a quibus[1] inmobilia in feudum tenebuntur.

2. Item quod habitatores dicte bastide possint filias suas ubi voluerint maritare et filios suos ad clericatus ordines facere promoveri.

3. Item quod nos seu successores nostri [vel senescallus noster Petragoricensis], aut bajulus qui ibi erit pro nobis, non capiemus pro [excessibus seu levibus criminibus] aliquem habitantem dicte bastide, vel vim inferemus vel saisiemus bona sua dum tamen velit ac fidejubeat stare juri, nisi pro murtro vel morte hominis vel plaga mortiffera, vel alio crimine quo corpus suum vel bona sua nobis debeant esse incurssa.

4. Item quod ad questionem seu clamoren alterius non mandabimus vel citabimus, vel bajuli qui ibi erunt pro facto nostro proprio vel querela aliquem habitantem in dicta bastida, extra honorem ipsius bastide super his que facta fuerint in dicta bastida et in pertinenciis et honore dicte bastide vel super possessionibus dicte bastide et in honore ejusdem.

5. Si quis habitans in dicta bastida moriatur sine testa-

vegardant le droit des seigneurs de qui ils les tiennent en fief.

2. Ils pourront marier leurs filles où ils voudront et faire promouvoir leurs fils aux ordres de la cléricature.

3. Nous, ni nos successeurs, ni notre sénéchal de Périgord, ni notre baille ne saisirons aucun des habitants de la bastide pour méfaits ou délits de peu d'importance; de même, pourvu qu'ils consentent à fournir caution et à se présenter en justice, nous ne leur ferons pas violence, et nous ne saisirons pas leurs biens, à moins qu'ils ne soient coupables de meurtre, mort d'homme, blessure mortelle ou de tout autre crime pour lequel leurs corps et leurs biens seraient mis en notre main.

4. Malgré la plainte ou la clameur de qui que ce soit, nous, ni nos bailles, ne citerons hors de la bastide, pour notre propre fait et cause, aucun des habitants, sous prétexte de méfaits commis dans la bastide et dans sa juridiction, ni au sujet des possessions ou de la juridiction de la bastide.

5. Si un habitant de la bastide meurt intestat et sans

---

[1] La charte de Montcabrier : *quorum res inmobiles*, et aussi elle intervertit les deux premiers articles.

mento, nec habeat liberos, nec appareant aliqui heredes qui sibi debeant succedere, bajulus noster, vocatis consulibus dicte bastide, bona deffuncti descripta tamen commendabit duobus probis viris dicte bastide custodienda fideliter per unum annum et diem; et si infra eundem terminum appareat heres qui sibi debeat succedere, omnia predicta bona debent integraliter sibi reddi, alioquin bona mobilia nobis tradentur et eciam inmobilia que a nobis in feudum tenebuntur ad faciendum omnimodam nostram voluntatem, et alia inmobilia que ab aliis dominis in feudum tenebuntur [habentibus in eisdem altam et bassam justiciam] ad faciendam voluntatem suam; solutis tamen debitis dicti deffuncti secundum usus et consuetudines diocesis Caturcensis, si clara sint debita, non expectato fine anni.

6. Item testamenta facta ab habitatoribus dicte bastide in presencia quatuor testium [idoneorum] valeant, licet desit alia solempnitas legum dumtamen liberi non fraudentur sua legitima porcione.

7. Item quod nullus habitans in dicta bastida de quocumque crimine appellatus vel accusatus, nisi velit, teneatur pugnare vel deffendere se duello[1] nec co-

enfant et qu'il ne se présente aucun héritier pour lui succéder, notre baille, après avoir appelé les consuls, confiera les biens du défunt, préalablement inventoriés, à deux prud'hommes de la bastide qui les garderont soigneusement un an et un jour; si dans ce délai il se présente un héritier, tous les biens devront lui être remis intégralement; si nul héritier ne se présente, tous les biens meubles et même les immeubles, tenus de nous en fief, nous seront remis pour en faire à notre volonté; quant aux immeubles tenus en fief d'autres seigneurs avec haute et basse justice, ils leur seront également livrés pour en faire à leur volonté, après avoir cependant, selon l'usage et la coutume du Querci, payé les dettes du défunt, j'entends les dettes non contestées, et cela sans attendre la fin de l'année.

6. Les testaments faits par les habitants en présence de quatre témoins honnêtes seront valables alors même que la solennité légale ferait défaut, pourvu cependant que les enfants ne soient pas privés de leur légitime portion.

7. Nul habitant de la bastide, de quelque crime qu'il soit accusé, ne sera tenu contre son gré, de se battre ou de se défendre en duel ou en combat

---

[1] Montcabrier : *defendere de duello.*

gatur ad duellum faciendum, et si refutaverit non habeatur propter hoc pro convicto, sed appellatus, si velit, probet quod objiciet, per testes vel alias probaciones secundum formam juris.

8. Item quod habitatores in dicta bastida possint emere et recipere ad censum vel in dono a quacunque persona volente vendere vel infeudare aut res suas inmobiles dare, excepto feudo nobili [1] seu militari quod emere vel recipere non possent nisi de nostra, vel successorum nostrorum processerit voluntate.

9. Item de quolibet solo de quinque canis vel ulnatis in latitudine et duodecim in longitudine, habebimus sex denarios turonenses [2] obliarum tantum, et secundum magis et minus, in festo Omnium Sanctorum et totidem de acapitamento in mutacione domini, et si vendatur habebimus ab emptore vendiciones, scilicet duodecimam partem precii quo vendetur, et nisi [3] oblie predicte nobis solute fuerint predicto termino, quinque solidi nobis solventur pro gacgio et oblia supradicta.

10. Item si rapine [4] vel alia

singulier. En cas de refus il ne sera pas regardé comme convaincu de crime, et celui qui l'aura cité pourra, s'il veut, faire la preuve par témoins ou selon les autres formes de droit.

8. Les habitants de la bastide pourront acheter et recevoir à cens ou à titre de donation de toute personne qui voudra vendre, inféoder ou donner ses biens meubles. Il y a exception pour les fiefs nobles ou militaires qu'ils ne pourront acquérir ou recevoir qu'avec notre permission ou celle de nos successeurs.

9. De tout emplacement de maison ayant cinq cannes ou aunes de large et douze de long, nous percevrons six deniers tournois d'oublies seulement, et plus ou moins à proportion de l'étendue, [chaque année] à la Toussaint, et autant d'acapte à chaque changement de seigneur; si l'emplacement est vendu, nous percevrons du vendeur le droit de ventes, soit le douzième du prix. Si les oublies ne sont pas payées au terme fixé il nous sera donné cinq sols à titre de gage ou d'oublies.

10. Si des vols ou autres

---

[1] Montcabrier : *francali*.
[2] Montcabrier : *Caturcenses*.
[3] Au lieu de *nisi*, Montcabrier porte *si... non*.
[4] Montcabrier : *arrine* pour *arsine*, incendies.

maleficia occulta [enormia] facta fuerint in bastida vel honore seu pertinenciis dicte bastide, fiet per [senescallum nostrum Petragoricensem et Caturcensem, vel per judicem ordinarium nostrum vel ejus] locumtenentem, emenda scilicet secundum bona statuta et bonos usus approbatos in comitatu Tolosano.

11. Item bajulus dicte bastide teneatur jurare in principio bajulie sue communitati[1], consulibus et probis hominibus dicte bastide quod in officio suo fideliter se habebit, et jus cuilibet reddet pro possibilitate sua, et approbatas consuetudines dicte bastide et statuta racionabiliter observabit.

12. Item consules dicte bastide mutentur quolibet anno in festo Annunciacionis beate Marie Virginis, et consules debent eligere [et presentare bajulo nostro] ipsa die consules catholicos sex de habitantibus in dicta bastida quos magis bona fide omnium profiguo dicte bastide viderint et cognoverint expedire; qui consules, per baiulum nostrum admissi, jurabunt baiulo nostro et populo dicte bastide quod ipsi bene et fideliter servabunt nos et jura nostra, et populum dicte bastide fideliter gubernabunt, et tenebunt pro posse suo fideliter

méfaits occultes énormes sont commis dans la bastide, dans sa juridiction ou dans ses appartenances, il sera, par notre sénéchal de Périgord et Querci, ou par notre juge ordinaire ou par son lieutenant, frappé une amende à titre de réparation, selon les statuts et les bonnes coutumes eu usage au comté de Toulouse.

11. Le baille de la bastide sera tenu à son entrée en charge de prêter serment à la communauté, aux consuls et aux prud'hommes qu'il se conduira loyalement, qu'il rendra justice à chacun selon son pouvoir et qu'il observera les coutumes approuvées et les bons usages de la bastide.

12. Les consuls seront changés chaque année à la fête de l'Annonciation; ils devront le même jour choisir et présenter à notre baille les six habitants catholiques qu'ils croiront en conscience devoir mieux procurer l'avantage de la communauté. Ces consuls, acceptés par notre baille, lui prêteront serment, ainsi qu'à la communauté, de garder fidèlement et loyalement notre personne et nos droits, de gouverner avec soin le peuple de la bastide, de garder fidèlement de tout leur pouvoir ledit consulat, et de ne recevoir de personne aucune

---

[1] Montcabrier ajoute *coram*.

consulatum, et quod non reci-pient ab aliqua persona servicium propter officium[1]. [Electi non poterunt[2]..... nisi prius elapsis tribus sequentibus annis continuis et completis.] Et dicti consules habeant potestatem reparandi carrerias, vias publicas, fontes, pontes et indicendi et colligandi per solidum et per libram cum consilio viginti quatuor habitancium electorum a populo [vel a majori parte populi] .....[3] missiones et expensas ab habitatoribus dicte bastide et honoris ejusdem propter reparaciones prediorum factas vel que fient, propter alia negocia communia. necessaria et redundancia in communem utilitatem dicte bastide.

13. Et quicunque sordicies in careriis injecerint, a baiulo et consulibus [vel duobus ex eis] puniantur secundum quod sibi visum fuerit expedire.

14. Et quicunque in dicta bastida vel pertinenciis ejusdem habuerit possessiones aut redditus, racione ipsarum rerum ipse et sui successores in expensis et missionibus et collectis consuetis a consulibus propter utilitatem dicte bastide ut dictum est, faciat et donet prout alii habitatores dicte bastide per

gratification pour l'exercice de leur charge. Ils ne pourront être réélus qu'après un délai de trois années consécutives. Ils auront le pouvoir de réparer les rues, les voies publiques, les fontaines, les ponts, d'imposer et collecter au sol et à la livre avec l'assistance de vingt-quatre habitants élus par le peuple ou par la majorité du peuple, afin de payer les frais et dépenses faits par les habitants de la bastide et de la juridiction pour l'entretien des domaines et ceux qui se feront pour les affaires de la communauté nécessaires et utiles au bien public.

13. Ceux qui jetteront des immondices dans les rues seront punis par le baille et les consuls, ou par deux de ces derniers, et de la manière qu'il leur paraîtra utile.

14. Ceux qui possèderont des biens et des revenus dans la bastide devront, eux et leurs successeurs, à raison de ces biens, contribuer au sol et à la livre, comme il a été dit, au même titre que les habitants, aux frais, dépenses et collectes qui se feront dans l'intérêt de la bastide. Les nobles en seront

---

[1] Montcabrier ajoute *consulatus*.
[2] Le contexte indique qu'il s'agit ici de la réélection des mêmes sujets.
[3] Montcabrier ajoute ici *et non ultra*.

solidum et per libram, exceptis nobilibus qui contribuent ad reffectionem ponciùm, viarum, murorum et foncium [si ibidem larem foveant vel domicilium habuerint]. Si vero contigerit nobiles fovere vel non fovere larem vel domicilium in ipsa bastida, tenebuntur dumtaxat pro rebus quas acquisiverunt in pertinenciis et honore dicte bastide ad contribuendum ut ceteri, prout tenebantur illi a quibus dictas res vel possessiones acquisiverunt.

15. Item res comestibiles de foris asportate ad vendendum ad bastidam vel dum asportabuntur de infra dimidiam leucam ad vendendum, non vendantur nisi prius ad plateam dicte bastide fuerint asportate, et si quis contravenerit, emptor et venditor quilibet in duobus solidis et dimidio pro justicia puniantur, nisi esset extraneus dictam consuetudinem probabiliter ignorans.

16. Item quicunque alium percusserit vel traxerit pugno vel palma vel pede, irato animo [sanguine tamen, tumore vel livore non intervenientibus], in quinque solidis pro justicia puniatur, et faciat emendam injuriam passo secundum racionem. Si tamen sanguinis effusio, tumor vel livor intervenerint, in viginti solidis [parisiensibus, nisi evidens gravitas delicti penam majorem exigeret, pro jus-

exempts, néanmoins ils contribueront aux réparations des ponts, chemins, murs et fontaines, s'ils ont dans la bastide, feu et domicile; s'ils n'y ont ni feu ni domicile, ils seront tenus de contribuer à raison seulement des biens qu'ils auront acquis dans la juridiction de la bastide, au même titre que ceux de qui ils ont acquis ces biens.

15. Les comestibles apportés du dehors, à la distance d'une demi-lieue, en vue de la vente, ne pourront être vendus qu'après avoir été portés à la place de la bastide; le contrevenant, acheteur ou vendeur, sera puni d'une amende de deux sols et demi, à moins que ce ne soit un étranger qui ignore la coutume.

16. Quiconque en colère aura frappé avec le poing, avec la main ou avec le pied, sans qu'il y ait eu effusion de sang, grosseur ou ecchymose, sera puni de cinq sols pour la justice et il payera une amende raisonnable à celui qui aura subi les coups. S'il n'y a ni effusion de sang, ni grosseur, ni ecchymose, il sera puni de vingt sols parisis pour la justice, à moins que la blessure évidemment grave ne

ticia puniatur]. Et si gladio vel fuste, petra, tegula, sanguine [tumore vel livore] non intervenientibus, percuciens in triginta solidis [pro justicia puniatur, nisi evidentis delicti atrocitas penam majorem exigeret] ; et si sanguis intervenerit, percuciens in sexaginta solidis pro justicia puniatur, nisi evidentis delicti atrocitas penam majorem exigeret, et fiat emenda injuriam passo.

17. Item si quis alium interfecerit et culpabilis de morte reperiatur ita quod homicida reputetur, per judicium curie bajuli puniatur [legitima inquesta facta per dictum bajulum, presentibus duobus probis viris dicte bastide et uno notario non suspecto precedentibus], et bona ipsius nobis sint incursa, solutis tamen primo debitis suis.

18. Item si quis aliqua convicia [vel opprobria], vel verba contumeliosa irato animo dixerit, in quinque solidis pro justicia puniatur et emendet injuriam passo.

19. Item quicunque bannum fregerit vel pignus captum, et rem judicatam servienti nostro abstulerit, in triginta solidis pro justicia puniatur [nisi modus et enormitas aufferendi vel pignus recusandi majorem penam exigeret.

réclame une plus forte condamnation. Celui qui aura frappé avec un bâton, ou une pierre ou une tuile, sans qu'il y ait effusion de sang, grosseur ou ecchymose sera puni de trente sols pour la justice, à moins que la blessure, évidemment grave, ne réclame une plus forte condamnation ; mais s'il y a effusion de sang, le coupable payera soixante sols pour la justice, à moins que la gravité de la blessure n'exige une plus forte condamnation, et de plus il payera une amende au blessé.

17. Celui qui aura commis un meurtre et qui sera reconnu véritablement homicide, sera puni par la cour du baille, après enquête sérieuse faite par ledit baille, accompagné de deux prud'hommes et d'un notaire ayant leur confiance ; et les biens du meurtrier seront mis en notre main, non sans avoir d'abord payé ses dettes.

18. Celui qui dans la colère prononcera des paroles injurieuses, mensongères ou déshonorantes payera cinq sols pour la justice et réparera l'injure.

19. Celui qui aura enfreint un ban ou qui de force aura enlevé à notre sergent un gage saisi ou une chose jugée, payera trente sols de justice, à moins que la brutalité avec laquelle l'objet aura été enlevé et le gage refusé ne réclament une plus forte amende.

20. Item quicumque leudam furatus fuerit in decem solidis puniatur.

21. Item adulter et adultera si aprehensi fuerint in adulterio, vel per homines fide dignos similiter convicti fuerint vel confessi in jure, quilibet in [1] viginti libris pro justicia puniatur.

22. Item qui gladium emolutum contra alium irato animo traxerit [dum tamen non percusserit nec fecerit posse suum percutiendi], in decem solidis pro justicia puniatur et emendet injuriam passo.

23. Item quicunque aliquid valens duos solidos vel infra, de die vel nocte furatus fuerit, currat villam cum furto ad collum suspenso et in quinque solidis pro justicia puniatur et restituat furtum cui furatus fuerit, excepto furto fructuum de quo fiat ut inferius continetur; et qui rem ultra quinque solidos valentem furatus fuerit prima vice signetur, et si signatus sit, ulterius debite puniatur; et si pro furto quis suspendatur, decem libras si bona sua valeant, debitis solutis, nobis pro justicia persolventur, et residuum sit heredum suspensi.

20. Celui qui aura volé la leude sera puni d'une amende de dix sols.

21. Les deux adultères surpris en flagrant délit, ou bien convaincus par le témoignage de deux hommes dignes de foi, ou ayant seulement avoué devant le juge, payeront l'un et l'autre vingt sols de justice.

22. Celui qui aura tiré contre quelqu'un une arme tranchante, mais sans intention de frapper et sans l'avoir frappé réellement, payera dix sols de justice et une indemnité à celui qu'il aura menacé.

23. Quiconque de jour ou de nuit aura volé un objet valant deux sols ou moins encore, devra courir par la ville avec l'objet suspendu à son cou; de plus il payera cinq sols de justice et restituera l'objet, sauf dans le cas ou il s'agirait de fruits; et alors on ferait comme il est dit ci-après. Celui qui aura volé un objet dont la valeur dépassera cinq sols sera marqué pour la première fois, et s'il est déjà marqué il sera à la récidive puni comme il méritera. Si quelqu'un dont les biens valent dix livres est pendu pour vol, cette somme, toutes dettes payées, nous sera attribuée pour la justice, et le

---

[1] Montcabrier : *in centum solidos pro justicia puniantur vel nudi currant per castrum seu bastidam, et sit optio eorundem.*

24. Item si quis intraverit de die hortos, vineas vel prata alterius et inde capiat fructus, fenum, paleam vel liguum valentem duodecim denarios vel infra, sine voluntate illius cujus fuerint postquam quolibet anno semel deffensum fuerit et preconisatum, in duobus solidis et dimidio, solvendis consulibus ad opus dicte bastide, pro justicia puniatur; et quicquid consules ex hoc habuerint debent illud ponere in commune proficuum dicte bastide, utpothe in reparacionem carreriarum, poncium, foncium et consimilium, et si ultra duodecim denarios valeat res quam inde ceperit, in decem solidis nobis solvendis pro justicia puniatur.

25. Et si de nocte quis intraverit, et fructus, fenum, paleam vel lignum ceperit, in triginta solidis nobis solvendis pro justicia puniatur et emendet dampmum passo.

26. Et si bos vel vaca vel bestia grossa hortos, vineas vel prata alterius intraverit, solvat dominus bestie sex denarios consulibus dicte bastide, et pro porco et sue si intrent tres[1] denarios, et pro duobus ovibus vel capris vel hircis si intrent,

[1] Montcabrier : *sex*.

reste, s'il y en a, appartiendra aux héritiers du pendu.

24. Si quelqu'un entre de nuit dans les jardins, vignes et prés, et si, sans la permission du tenancier, après défense et publication renouvelée chaque année, il en enlève les fruits, le foin, la paille ou le bois qui atteindrait une valeur de douze deniers et au-dessus, il sera puni d'une amende de deux sols et demi payables aux consuls pour l'œuvre de la bastide. Tout ce que les consuls recueilleront de ce chef, ils devront l'employer au profit de ladite bastide, à savoir en réparations des rues, ponts, fontaines et autres besoins. Si l'objet volé vaut plus de douze deniers, le voleur sera condamné à nous payer dix sols de justice.

25. Celui qui entrera de nuit dans lesdites propriétés pour enlever les fruits, le foin, la paille ou le bois, sera puni d'une amende de trente sols à notre bénéfice, et il devra réparer le dommage.

26. Si un bœuf, une vache ou autre gros bétail entre dans les jardins, vignes et prés, le maître payera six deniers aux consuls; pour un porc ou une truie, qui y pénètreront il payera trois deniers; pour deux brebis ou deux chèvres ou

solvat dominus cujus erunt bestie unum denarium consulibus dicte bastide qui de hoc facient ut premissum est, dampno ei cujus est hortus, vinea vel pratum, nichilominus resarcito.

27. Item quicumque falsum pondus vel falsam mensuram vel falsam ulnam tenuerit vel falsas merces seu carnes corruptas vendiderit, dum tamen super hoc convictus fuerit [legitime] puniatur [juxta qualitatem criminis et vires suarum facultatum, ad arbitrum baiuli et consulum dicte bastide.

28. Item pro clamore debiti vel pacti sive cujuslibet alterius contractus si statim, id est prima die, in presencia curie confiteatur a debitore sine lite mota et sine judiciis, nichil pro justicia persolvetur sed infra novem dies curie debet facere solvi et compleri creditori quod confessum fuerit, alioquin debitor in quinque solidis pro justicia puniatur.

29. Item quod de omni clamore simplici de quo lis moveatur et inducie petantur, post prolacionem sentencie quinque solidi pro justicia persolvantur.

30. Item defficiens ad diem sibi assignatam per curiam, in duobus solidis et dimidio puniatur, parti adverse in expensis legitimis nichilominus condempandus.

boucs qui y entreront il payera un denier aux consuls qui en feront l'usage ci-dessus exprimé : de plus il devra réparer le dommage subi par le tenancier du jardin, de la vigne ou du pré.

27. Quiconque aura usé de faux poids, fausses mesures, fausse aune, ou bien encore aura vendu des marchandises de mauvaise qualité ou des viandes gâtées, si la preuve en est faite, sera dûment puni en égard à la gravité du méfait et à ses ressources, selon l'avis du baille et des consuls.

28. Dans une clameur pour dette, pacte ou pour tout autre contrat, le débiteur qui aussitôt après sa comparution en justice, sans forme de procès et sans jugement, avouera sa dette, ne payera rien pour la justice, mais dans les neuf jours il doit désintéresser le créancier de ce qu'il a avoué lui devoir, sinon il devra payer cinq sols de justice.

29. Pour toute clameur simple sur laquelle procès est engagé et délai demandé, il sera payé cinq sols de justice après que la sentence aura été portée.

30. Celui qui fera défaut au jour fixé par la cour, sera puni d'une amende de deux sols et demi, et il devra de plus être condamné à payer à la partie adverse les frais exposés.

31. Item curia non debet recipere justiciam seu gacgium, quousque solvi fecerit rem judicatam parti que obtinuerit.

32. Item de questione rerum inmobilium post prolacionem sentencie quinque solidi pro justicia persolvantur.

33. Item de omni quolibet clamore facto de quo lis moveatur si actor defecerit in probando, in quinque solidis pro justicia puniatur, parti adverse in expensis legitimis condempnandus.

34. Item mercatum dicte bastide debet fieri in die jovis[1] qualibet septimana.

35. Et si bos vel vaca, vel porcus, vel sus unius anni et supra vendatur ab extraneis in die fori dabit venditor unum denarium pro leuda; et de asino vel asina, equo vel equa, mulo vel mula unius anni vel supra dabit venditor extraneus duos denarios pro leuda, si infra nichil; et de ove, ariete, capra vel hirco unum obolum; de saumata bladi unum denarium, de sextario unum denarium, de emina unum obolum pro leuda et mensuragio, de quarteria nichil dabit, de honere hominis vitrorum unum denarium vel unum vitrum valens unum denarium, de saumata coriorum grossorum duos denarios, de

31. La cour ne doit recevoir ni justice ni gage avant d'avoir fait payer la chose jugée à la partie qui a eu gain de cause.

32. Dans une question d'immeubles il sera payé cinq sols de justice après que la sentence aura été portée.

33. Pour toute plainte portée sur laquelle il est entamé procès, si le demandeur ne parvient pas à faire preuve, il payera cinq sols de justice et il sera condamné à rembourser à la partie adverse les frais qu'elle aura exposés.

34. Le marché aura lieu le jeudi de chaque semaine.

35. Par bœuf ou vache, porc ou truie d'un an et au-dessus vendus aux jours de foire, le vendeur étranger payera un denier de leude; par âne ou ânesse, cheval ou jument, mule ou mulet d'un an et au-dessus, le vendeur étranger payera deux deniers de leude; pour les animaux âgés de moins d'un an, il ne payera rien. Par brebis, bélier, chèvre, bouc, il payera une obole; par saumée de blé un denier, par setier un denier, par émine, il payera une obole de leude et de mesurage; pour une quartière, il ne payera rien. Par charge de verres à dos d'homme, il sera payé un denier ou un verre de cette

---

[1] Montcabrier : *sabbati*.

honere hominis aut uno corio grosso unum denarium, de saumata ferri et pannorum laneorum duos denarios, de sotularibus, de calderiis, anderiis, padellis, aissatis, pairolliis, cultellis, falcillis, piscibus salsatis et rebus consimilibus dabit venditor extraneus in die fori pro leuda et pro intragio duos denarios de saumata et honere hominis predictarum rerum et consimilium; de saumata urnarum vel canarum unum denarium, de honere hominis unum obolum.

36. Item nundine sint in dicta bastida in festo beati Martini[1] hyemalis et aliis tribus[2] diebus sequentibus; et quilibet mercatorum extraneus habens trossellum vel plures trossellos in dictis nundinis, dabit pro introytu et exitu et pro taulagio quatuor denarios, et de honere hominis quicquid portet unum denarium. et de rebus emptis ad usum domus alicujus, nichil dabitur pro leuda ab emptore.

37. Item quicumque voluerit habere furnum, poterit facere in dicta bastida et barriis ejusdem bastide ad decoquendum panem suum et sue familie, et a solucione cujuslibet alterius

même valeur; par saumée de gros cuirs, deux deniers; par charge d'homme ou pour un seul cuir, il sera payé un denier; par saumée de fer et de draps de laine, deux deniers. Quant aux souliers, chaudières, landiers, poêles, sarclettes, chaudrons, couteaux, faucilles, poissons salés et denrées similaires, le vendeur étranger payera aux jours de foire pour droits de leude et d'entrée deux deniers par saumée et charge à dos d'homme; par saumée d'urnes et vases, un denier, et par charge d'homme, une obole.

36. Une foire aura lieu dans la bastide le jour de la Saint-Martin d'hiver et les trois jours suivants. Chaque marchand étranger y ayant un ou plusieurs paquets, payera pour droit d'entrée, de sortie et d'étalage quatre deniers; de chaque charge d'homme, peu importe la marchandise, il sera payé un denier; pour les objets achetés pour l'usage de sa maison, l'acheteur ne payera aucun droit de leude.

37. Quiconque le voudra, pourra, à l'intérieur de la bastide et dans les faubourgs, bâtir un four pour cuire son pain et celui de sa famille, sans avoir à payer redevance d'au-

---

[1] Montcabrier : *Luce evangeliste.*
[2] Montcabrier : *sex.*

pencionis [que sibi imponatur] aut obliarie seu redivencie immunis erit; et de quolibet furno in quo quis panem decoquet ad vendendum vel victus sui, solventur quolibet anno decem solidi tantummodo monete currentis pro furnagio, in crastinum Natalis Domini.

38. Item instrumenta per notarios[1] publicos dicte bastide confecta, illam vim obtinebunt quam obtinent publica instrumenta.

39. Cognicio autem et diffinicio causarum emendam sexaginta solidorum et unius denarii et infra tantummodo exigentium de jure vel consuetudine patrie, inter burgenses, habitantes atque juratos dicte bastide emergentium in dicta bastida et metis ejusdem erunt [baiuli et] consulum memorate bastide, execucione nobis similiter retenta. Cujusmodi emendarum medietas erit burgensium ipsorum ad onera dicte bastide communia subportanda, alia medietate nobis libera remanente cum omni alia cognicione, diffinicione emendarum justicia et execucione ibidem in casu quolibet de extraneis quibuslibet forensibusque personis.

40[2]. Item volumus quod judex noster ordinarius Caturcensis

cune sorte; mais de chaque four où l'on cuira du pain pour le vendre, en même temps que pour la provision de la famille, il sera payé chaque année, à la Noël, un droit de fournage de dix sols tournois seulement.

38. Les actes rédigés par les notaires publics de la bastide auront la même valeur qu'ont tous les actes publics.

39. Appartiendront au baille et aux consuls la connaissance et le jugement des affaires qui, de droit ou d'après la coutume, entraînent une amende de soixante sols un denier et au dessous, et qui s'élèveront entre les bourgeois et les jurés dans les limites de la bastide, mais l'exécution nous en sera réservée. La moitié des amendes de cette nature appartiendra aux bourgeois pour couvrir les charges communales, l'autre moitié restera à notre libre disposition, de même que le règlement, la connaissance des amendes, la justice et l'exécution dans tous les cas où il s'agira de personnes étrangères.

40. Nous voulons que notre juge ordinaire de Querci tienne

---

[1] Montcabrier: *notarium*.
[2] Cet article ne se trouve pas dans la charte de Montcabrier.

teneat assisias suas in dicta bastida, prout in aliis locis judicature sue faciens cursum assisiarum facere consuevit.

41[1]. Item quod liceat cuicunque habitatori dicte bastide loca sua explectare et ibi columberia, pisceria et claperios pro cuniculis facere, dumtamen jura dominorum a quibus tenentur ipsa loca in aliquo non fraudentur.

42. Item assignamus et concedimus de speciali gracia et ex nostra certa sciencia quod honor et districtus prenominati pertinenciarum et ressorti dicte bastide protendantur per totum honorem Altismonti et pertinencias et adjacencias ejusdem in omnibus et singulis parrochiis, locis, dominiis et territoriis que ad dictum castrum Altismontis, pertinencias et adjacencias pertinebant aut pertinere dicebantur, tempore quo nos illud in manu nostre tenebamus tanquam proprium, antequam illud in G. Balene militem transferremus.

43[2]. Item concedimus habitatoribus et juratis dicte bastide quod ipsam bastidam nunquam extra manum nostram sen successorum nostrorum ponemus. Quod nt firmum, et stabile perpetuo permaneat in

les assises dans la bastide, comme il a coutume de les tenir à tour de rôle dans les divers lieux de sa judicature.

41. Tout habitant de la bastide pourra exploiter ses tenures et y faire des colombiers, des réserves de poissons et des clapiers, à condition cependant de ne point léser les droits des seigneurs de qui ils tiendront ces biens.

42. Par grâce spéciale et de science certaine, nous permettons et accordons que les avantages et prérogatives accordés au ressort de la bastide s'étendent à toute la juridiction d'Almont et à toutes les paroisses, lieux dits, domaines et territoires qui faisaient partie du castrum d'Almont au temps où nous le possédions et avant que nous l'eussions cédé à Géraud de Balène, chevalier.

43. Nous promettons aux habitants et jurés que nous ni nos successeurs ne mettrons ladite bastide hors de notre main. En confirmation de ces choses et pour leur stabilité à jamais, nous ferons apposer

---

[1] Cet article ne se trouve pas dans la charte de Montcabrier.
[2] *Idem.*

futurum, presentibus litteris nostrum faciemus apponi sigillum, salvo in omnibus jure nostro et quolibet alieno.

44. Actum apud Pissiacum mense jannarii anno Domini millesimo trescentimo decimo.

notre sceau aux présentes, sauf en tout notre droit et le droit des autres.

44. Donné à Poissy, au mois de janvier l'an de Seigneur 1310.

LISTE DES CURÉS

Jean Dominelli, chanoine de la cathédrale de Cahors (1456).

Géraud de Lomagne-Terride (1556).

Jean de Lomagne, protonotaire, prieur de Canals, vicaire général de Jacques Des Prez, évêque de Montauban.

Jean de Valaguier, parent de Pierre de Balaguier, évêque de Cahors (1567).

Antoine Caissels.

Pierre de Natalis, docteur en théologie (1596-1638).

Pierre Molinier (1641).

Pierre Daliès, docteur en théologie, prieur de Saint-Caprais d'Agen (1647-1653).

André de Maynial, docteur en théologie, enseveli dans la chapelle Notre-Dame à Saint-Martin de Lastours (1657-1683).

Pierre de Rességuier, docteur en théologie, curé du Taur à Toulouse, fit échange avec le suivant, curé de La Bastide-Fourtanière (1683-1685).

Jean Gisbert, bachelier en théologie (1685-1748).

Antoine Gisbert, bachelier en théologie († 1781).

Charles-Sulpice de Gauléjac, docteur en Sorbonne, vicaire-général de Cahors, juge de l'Officialité (1782-1792); après le Concordat, vicaire-général de Carcassonne.

Jean Laporte (mai 1803-1809), devint curé de la cathédrale de Montauban.

Louis de Guilhermy († 1825).

Serres (1825-1852).

Jean-Léon Lacorpaille (1852-1867), devint curé de Moissac, vicaire-général, curé de la cathédrale.

Grasset (1867-1873).

Fleys (1873-1875).

Auguste Tabarly, docteur en théologie (1875-1882), jésuite.

Paul Stoumpff, licencié en théologie (1882-1888), directeur au Séminaire.

Alphonse Géraldy, bachelier en théologie (1888-1897), curé de Valence.

Léopold Picat (1897).

TABLE DES MATIÈRES

TABLE DES MATIÈRES

	Pages.
Dédicace	v
Époque préhistorique	1
Monastères de Cayrac et de Saint-Marcel	7
Fondation de la bastide. Ses coutumes	13
La guerre de Cent Ans	29
Les guerres de religion	39
Après les guerres de religion	57
La Fronde	63
La révocation de l'édit de Nantes	71
La Révolution	95

APPENDICE

Le mouvement de la population	111
Rapport des anciennes mesures au système décimal	117
Coutumes de Réalville	119
Liste des Curés	137

MONTAUBAN, IMPRIMERIE ET LITHOGRAPHIE ÉD. FORESTIÉ

23, RUE DE LA RÉPUBLIQUE,

www.ingramcontent.com/pod-product-compliance
Lightning Source LLC
Chambersburg PA
CBHW060143100426
42744CB00007B/885